No.

Date

Gakken

THE LOOSE-LEAF STUDY GUIDE 実技 FOR JHS STUDENTS

ルーズリーフ参考書
中学実技

中学の実技教科をまとめて整理する
ルーズリーフ

本書の使い方 HOW TO USE THIS BOOK

ルーズリーフ参考書は，すべてのページを自由に入れ替えて使うことができます。

ノートやバインダーに差し込んで，
勉強したい範囲だけを取り出したり，自分の教科書や授業の順番に入れ替えたり……。
自分の使っているルーズリーフと組み合わせるのもおすすめです。
あなたがいちばん使いやすいカタチにカスタマイズしましょう。

各単元の重要なところが，一枚にぎゅっとまとまっています。

STEP 1 空欄に用語や数を書き込む

あっという間に要点まとめが完成！

➡予習型
授業の前に教科書を読みながら穴埋め

➡復習型
授業を思い出して穴埋め

➡スピードチェック型
テスト直前に実力を確認！

＊解答は各教科のおわりにあります。

STEP 2 何度も読み返して覚える

余白に補足情報を書き足そう。
└授業中の先生の話や，ゴロ合わせなど。

アイコン… 注意 重要 資料

覚えたところや苦手なところをチェックして，
効率よく確認していきましょう。

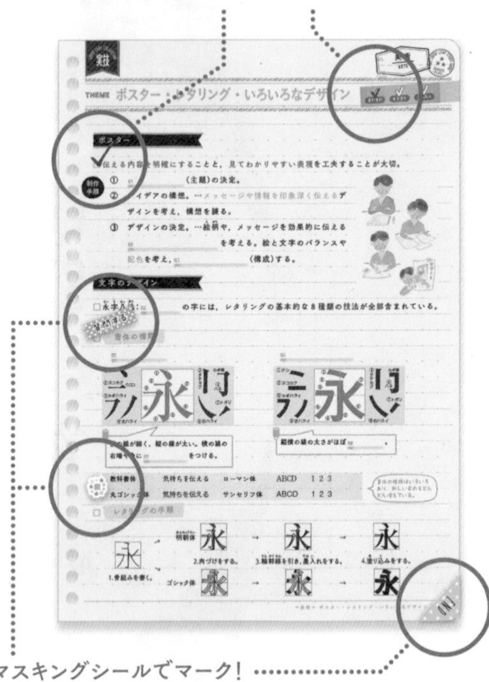

マスキングシールでマーク！

ルーズリーフのはがし方 HOW TO DETACH A SHEET

注意 ATTENTION

01 最初にリボンを取りはずしてください。
（カバーをはずしてシールをはがすか，はさみで切ってください）

02 はがしたいページをよく開いた状態で，
一枚ずつ端からゆっくりはがしてください。

力を入れて勢いよくひっぱったり，
一度にたくさんのページをはがしたりすると，
穴がちぎれてしまうおそれがあります。

01

02

THE LOOSE-LEAF STUDY GUIDE 実技 FOR JHS STUDENTS

ルーズリーフ参考書
中学実技

THE LOOSE-LEAF STUDY GUIDE GAKKEN PLUS

音楽 MUSIC

美術 ARTS

保健体育 HEALTH AND PHYSICAL EDUCATION

A LOOSE-LEAF COLLECTION FOR A COMPLETE REVIEW OF THE SKILL-FOCUSED SUBJECT AREAS

A LOOSE-LEAF COLLECTION FOR A COMPLETE REVIEW OF THE SKILL-FOCUSED SUBJECT AREAS

THE LOOSE-LEAF STUDY GUIDE 実技 FOR JHS STUDENTS

ルーズリーフ参考書
中学実技

協力
コクヨ株式会社

編集協力
上保匡代, 佐藤美穂, 山内ススム, (株)ダブルウイング

カバー・本文デザイン
LYCANTHROPE Design Lab. [武本勝利, 峠之内綾]

シールデザイン
sandesign 吉本桂子

イラスト
平井きわ, 寺坂安里, 根津あやぼ, 平のゆきこ, しゅんぶん, 福井彩乃, 矢田ミカ, (有)熊アート, MIWA★

DTP
(株)四国写研

図版
(株)クラフトーン, ゼム・スタジオ

写真提供
写真そばに記載, 記載のないものは編集部

許諾番号(音楽)
JASRAC 出 2107395-102

時間割

学校の時間割や塾の予定などを書き込みましょう。

		月	火	水	木	金	土
登校前							
1							
2							
3							
4							
5							
6							
放課後	夕食前						
	夕食後						

年間予定表

定期テストや学校行事などのほか，個人的な予定も書き込んでみましょう。

4月			
5月			
6月			
7月			
8月			
9月			
10月			
11月			
12月			
1月			
2月			
3月			

3年間の目標

主に勉強に関する目標を立てましょう。

中学音楽の超キホン事項

超重要な項目をコンパクトにまとめました。目立つところに入れたり貼ったりして，いつでも確認できるようにしましょう。

音楽の基礎知識

楽譜に記される記号の読み方と意味は要チェック！

記号	読み方	意味
□ **Andante**	アンダンテ	ゆっくり歩くような速さで
□ **Moderato**	モデラート	中ぐらいの速さで
□ *ritardando* (*rit.*)	リタルダンド	だんだん遅く
□ *accelerando* (*accel.*)	アッチェレランド	だんだん速く
□ *a tempo*	ア テンポ	もとの速さで
□ *crescendo* (*cresc.*)	クレシェンド	だんだん強く
□ *decrescendo* (*decresc.*)	デクレシェンド	だんだん弱く
□ *legato*	レガート	滑らかに
□ ***pp***	ピアニッシモ	とても弱く
□ ***ff***	フォルティッシモ	とても強く
□	テヌート	その音の長さを十分に保って
□	フェルマータ	その音符（休符）をほどよく延ばして

鑑賞

それぞれの作品の作曲家の名前や演奏形態は絶対に覚えよう！

作品名	作曲家	演奏形態など
□ 「春」	イタリアのヴィヴァルディ	ヴァイオリン協奏曲
□ 「フーガ ト短調」	ドイツのJ. S. バッハ	パイプオルガンの独奏曲
□ 「交響曲第５番 ハ短調」	ドイツのベートーヴェン	オーケストラ（管弦楽）による大規模な楽曲（交響曲）
□ 「魔王」	オーストリアのシューベルト	独唱曲，リート（ドイツ語による歌曲）
□ 「アイーダ」	イタリアのヴェルディ	オペラ
□ 「ブルタバ（モルダウ）」	チェコのスメタナ	交響詩

歌唱

それぞれの曲の作詞家と作曲家を覚えよう！

題名	作詞家	作曲家
□ 「赤とんぼ」	三木露風	山田耕筰
□ 「荒城の月」	土井晩翠	滝廉太郎
□ 「花」	武島羽衣	滝廉太郎
□ 「夏の思い出」	江間章子	中田喜直
□ 「花の街」	江間章子	團伊玖磨
□ 「浜辺の歌」	林古溪	成田為三
□ 「早春賦」	吉丸一昌	中田章

伝統

日本の伝統芸能とそこで演奏される音楽を覚えよう！

伝統芸能	音楽	構成など	演目
□ 歌舞伎	長唄	唄，三味線，囃子	「勧進帳」
□ 能	謡	地謡と囃子	「敦盛」「羽衣」
□ 雅楽	管絃（器楽のみ），舞楽		「平調 越天楽」
□ 文楽	義太夫節	太夫（語り）と三味線	「新版歌祭文」
□ 箏曲		箏（こと）	「六段の調」
□ 尺八楽		尺八	「巣鶴鈴慕」

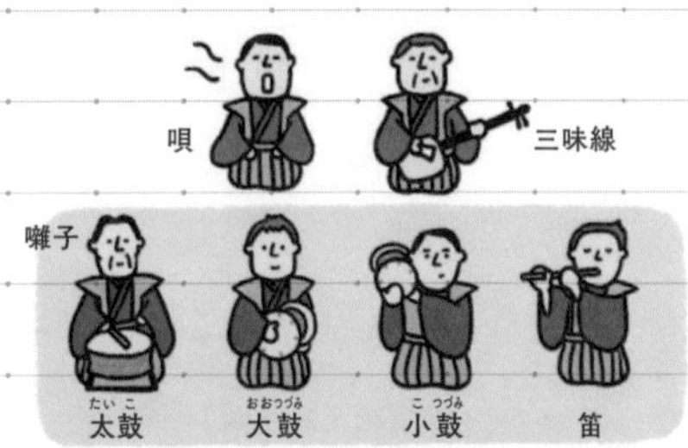

▲長唄で用いられる楽器など

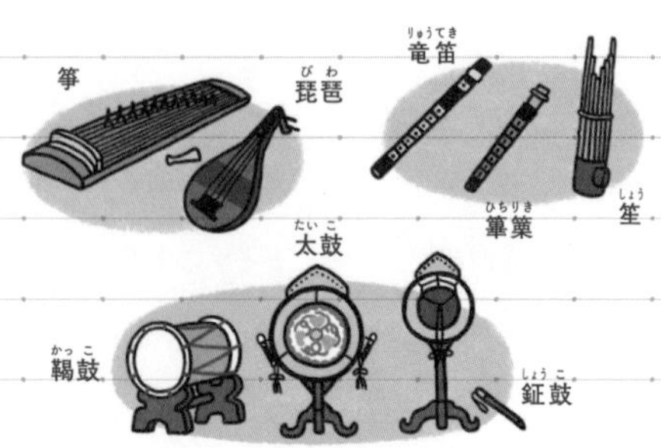

▲管絃で用いられる楽器

美術の超キホン事項

超重要な項目をコンパクトにまとめました。目立つところに入れたり貼ったりして，いつでも確認できるようにしましょう。

水彩絵の具の色のつくり方

色の組み合わせ，絵の具と水の分量を変えていろいろな色をつくろう

□ パレットの上でいくつかの色を混ぜるのが混色，下の色が乾いてからその上に別の色を塗り重ねるのが重色。

▶混色

▶重色

遠近法

奥行きのある空間を表現するときに使う技法を知ろう

□ 線遠近法：線の方向で遠近感を出す。

一点透視図法

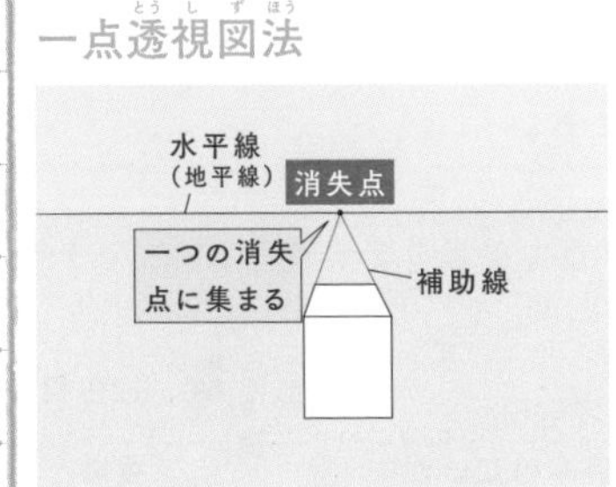

二点透視図法

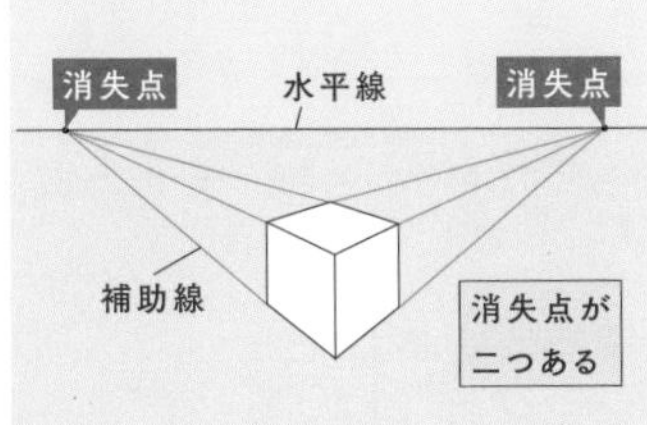

三点透視図法

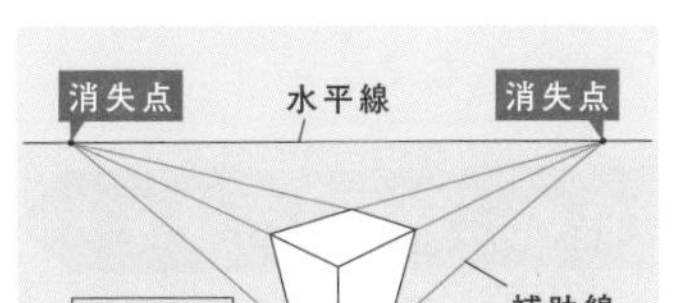

□ 空気遠近法：大気の性質を利用して，近くのものは濃くはっきりと，遠くのものは淡くぼんやりと描くことで遠近感を出す。

さまざまな技法（モダンテクニック）

さまざまな表現方法を知ろう

□ スパッタリング

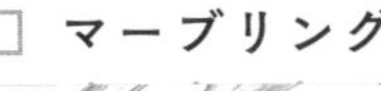

□ マーブリング

□ デカルコマニー

□ フロッタージュ

□ ドリッピング

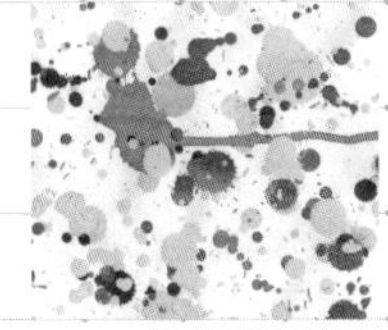

（5点ともユニフォトプレス）

レタリング

レタリングの手順を確認しよう

□ レタリングの手順

1.骨組みを書く。

明朝体

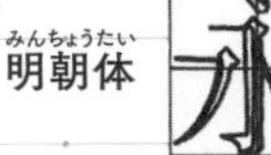

2.肉づけをする。

→

3.輪郭線を引き，墨入れをする。

→

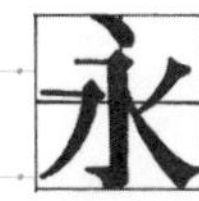

4.塗り込みをする。

ゴシック体

→

→

三原色

色料と色光で色が違うことに注意

☐ 色料の三原色

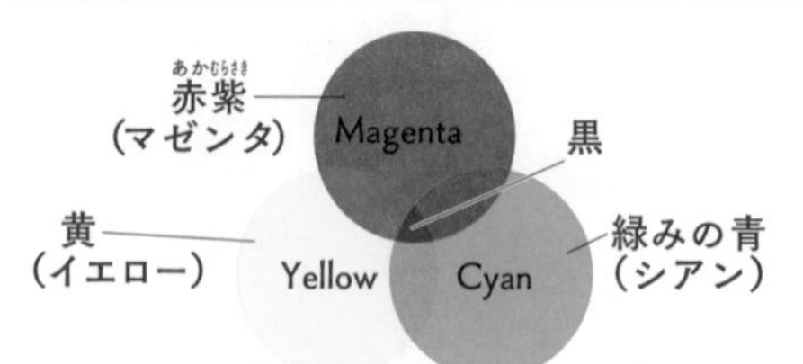

減法混色：色料では，色を混ぜるほど暗くなる。

☐ 色光の三原色

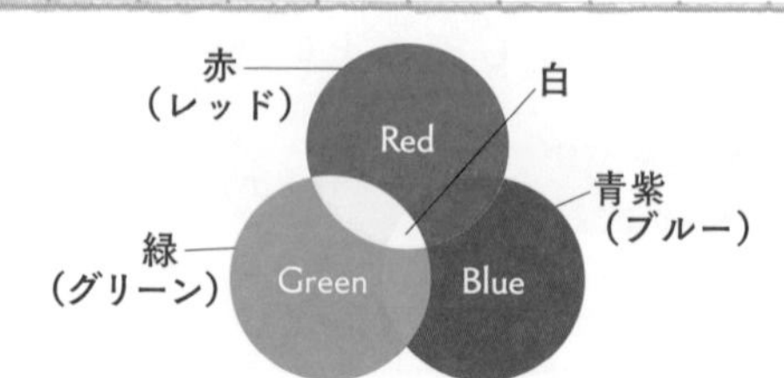

加法混色：色光では，色を重ねるほど明るくなる。

色の三属性（三要素）

すべての色は，色相，明度，彩度の三つの要素で分けることができる

☐ 色相は色みや色合い，明度は色の明るさ，彩度は色の鮮やかさ。

☐ 補色は色相環で向かい合う位置にある色どうし。

☐ 有彩色は色みのある色で，無彩色は色みのない色。

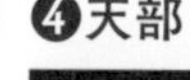

仏像の種類

手の形，身につけているもの，持ち物などの違いに注目しよう

☐ ❶如来

▲阿弥陀如来坐像
（平等院鳳凰堂）

巻き貝状の髪の束が並んだ髪型（螺髪）をしている。

☐ ❷菩薩

▲聖観世音菩薩立像
（薬師寺東院堂）

宝冠など，装飾品を身につけている。

☐ ❸明王

（東寺）

▲不動明王坐像
（教王護国寺講堂）

武器を持っている。

☐ ❹天部

▲増長天立像
（東大寺戒壇堂）

甲ちゅう姿などさまざまある。

テストによく出る重要事項

超重要な項目をコンパクトにまとめました。目立つところに入れたり貼ったりして，いつでも確認できるようにしましょう。

女性の生殖器（側面）

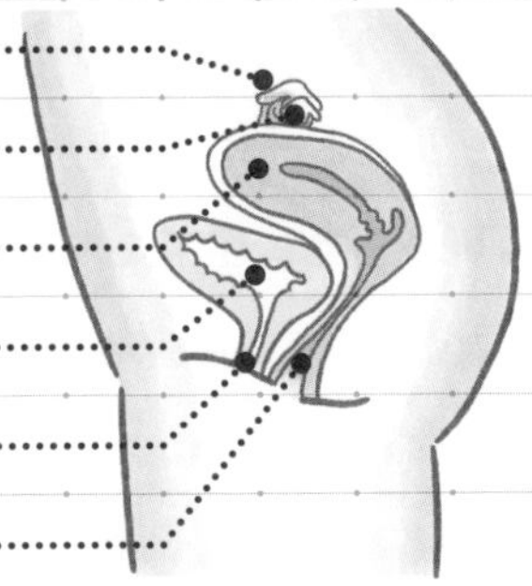

□ 卵管
□ 卵巣
□ 子宮
□ (ぼうこう)
□ (尿道)
□ 膣

男性の生殖器（側面）

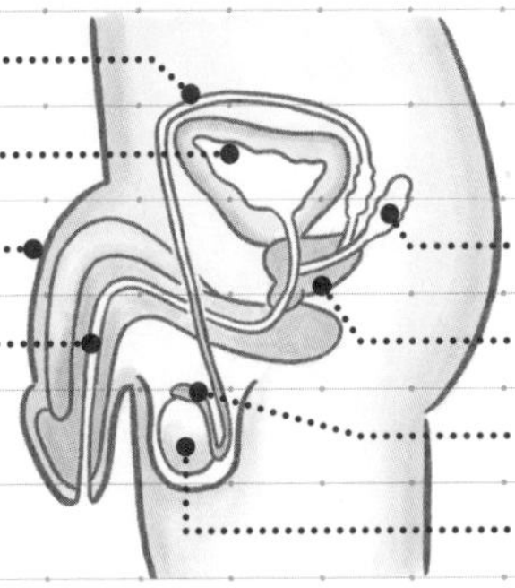

□ 精管
□ (ぼうこう)
□ 陰茎
□ 尿道
□ 精のう
□ 前立腺
□ 精巣上体
□ 精巣

受精の仕組み

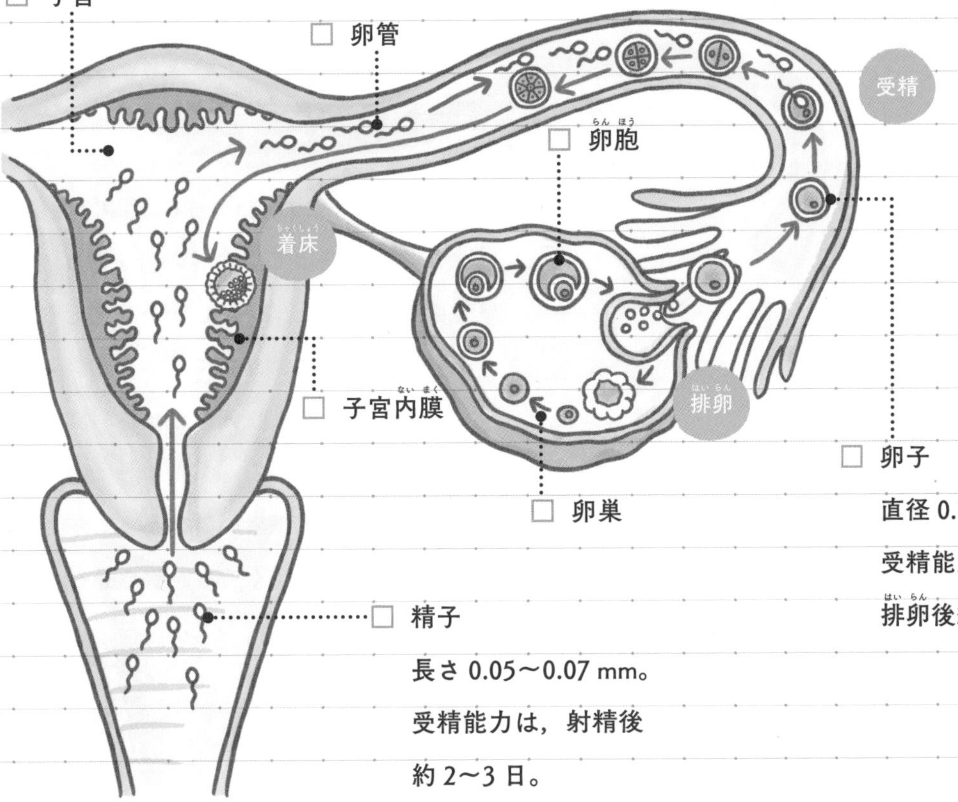

□ 子宮
□ 卵管
□ 卵胞
受精
着床
排卵
□ 子宮内膜
□ 卵巣
□ 卵子
直径 0.1～0.2 mm。
受精能力は，
排卵後約 1 日。
□ 精子
長さ 0.05～0.07 mm。
受精能力は，射精後
約 2～3 日。

心肺蘇生法の流れ

（凡例）：観察・判断　：手当

傷病者を発見
↓
安全の確認
・必要があれば移動。
・近づけなければ119番通報。
↓
反応の確認 →（反応あり）→ 安静・観察
↓（反応なし）
助けを求め，119番通報，AED依頼
・通信指令員の指示に従う（指導を受けられる）。
↓
呼吸の観察 →（ふだんどおりの呼吸あり）→ 様子をみながら，応援・救急隊を待つ
↓（呼吸なし または，死戦期呼吸*，わからないとき）
直ちに胸骨圧迫を開始
人工呼吸の技術と意思があれば，胸骨圧迫30回＋人工呼吸2回の組み合わせ
↓
AED装着
↓
心電図解析
電気ショックは必要か？ →（必要なし）→ 直ちに胸骨圧迫から再開 →（心電図解析へ戻る）
↓（必要あり）
電気ショックを1回，その後直ちに胸骨圧迫から再開 →（心電図解析へ戻る）

＊死戦期呼吸……しゃくり上げるような不規則な呼吸。呼吸なしと判断する。

胸骨圧迫

□ 胸が約5cm（小児では，胸の厚さの約1/3）沈むように圧迫する。圧迫の後で，胸の高さが完全に元に戻るように圧迫を解除する。

□ 1分間に100～120回の速さで行う。

□ 胸骨圧迫の中断が最小になるようにする。

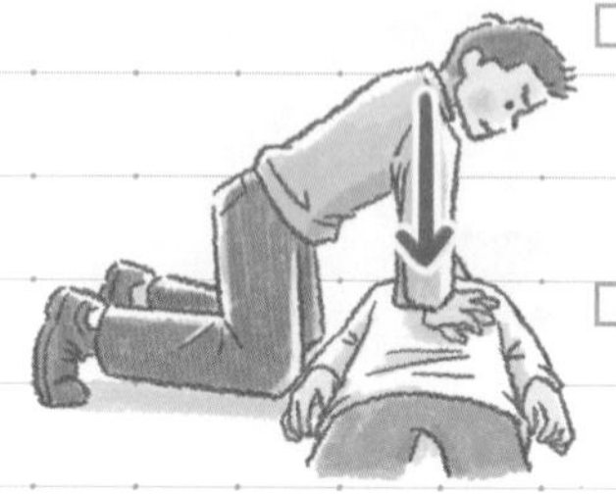

□ 胸骨圧迫の圧迫姿勢
垂直に体重をかけ，肘を曲げない。

□ 胸骨圧迫の圧迫位置
胸骨の下半分を圧迫する。胸の真ん中を目安とする。

人工呼吸

□ ①気道確保をしたまま額に当てた手で鼻をつまむ。
②大きく口を開けて傷病者の口を覆う。
③傷病者の胸の上がりがしっかり見える程度の息の量を，約1秒かけて吹き込む。
④口を離して自然に呼気をさせる。胸の動きを見て呼気を確かめる。
⑤もう一度，口で傷病者の口を覆い息を吹き込む。
※うまく息が入らなくても，吹き込むのは2回までにする。

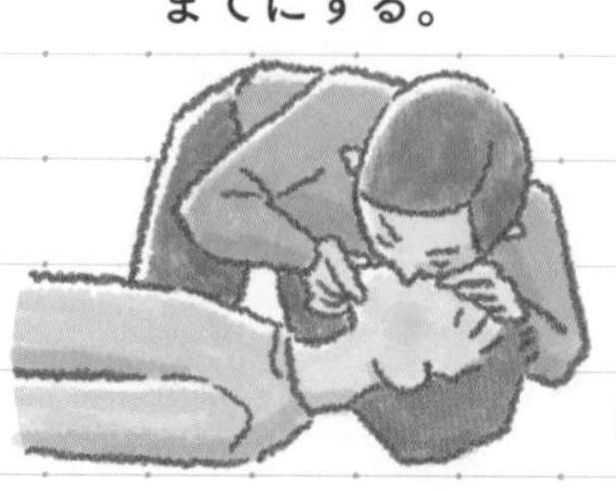

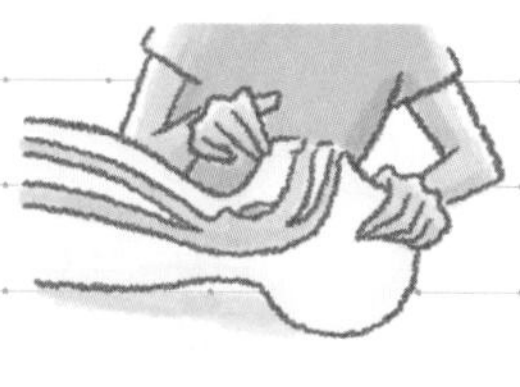

□ 気道確保
下顎を押し上げ，頭部を後ろに傾けると，気道が開く。

技術・家庭の超キホン事項

超重要な項目をコンパクトにまとめました。目立つところに入れたり貼ったりして，いつでも確認できるようにしましょう。

材料の加工

工具の名前を覚えよう。

□両刃のこぎり　□かんな　□げんのう

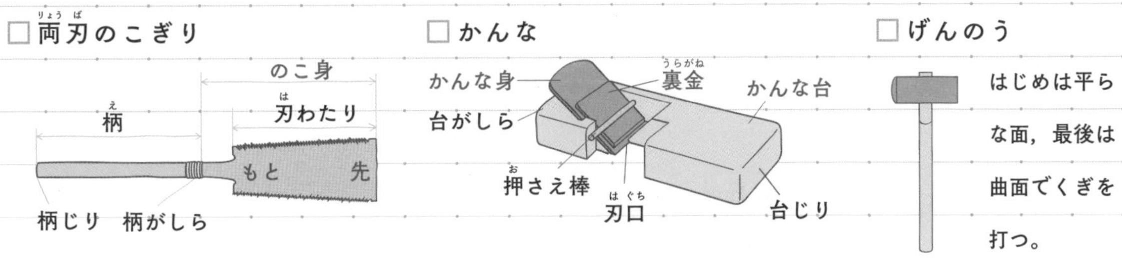

生物の育成

土や肥料について把握しよう。

□土の種類

団粒構造

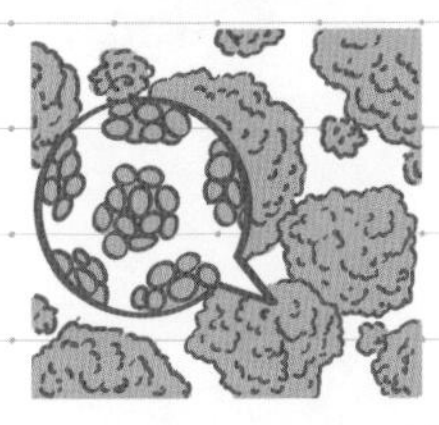

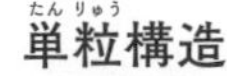

単粒構造

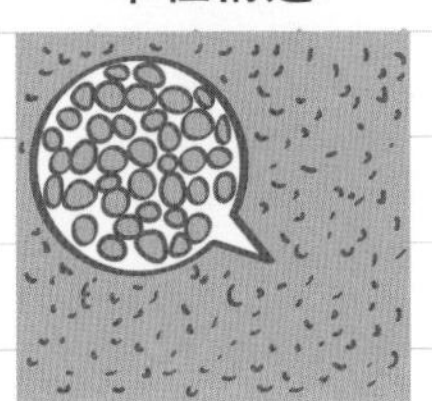

□肥料の三要素

要素	役割
リン酸（リン）	花や果実などを発育させる。
カリウム	光合成を活性化させる。 果実や根の成長を促進する。
窒素	茎・葉・根を作る。

エネルギーと電気

電気に関する用語や回路図を把握しよう。

□電流・電圧・抵抗・電力

	単位	用語説明
電流	A	電気の流れ。
電圧	V	電流を流そうとする力。
抵抗	Ω	電流の流れにくさ。
電力	W	電気エネルギーの１秒間の仕事量。

□電気回路図

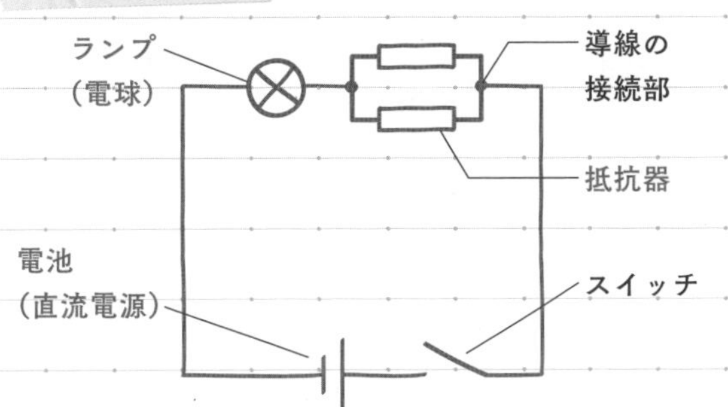

フローチャートの種類

フローチャートの特徴を理解しよう。

□順次処理型　□反復処理型　□分岐処理型

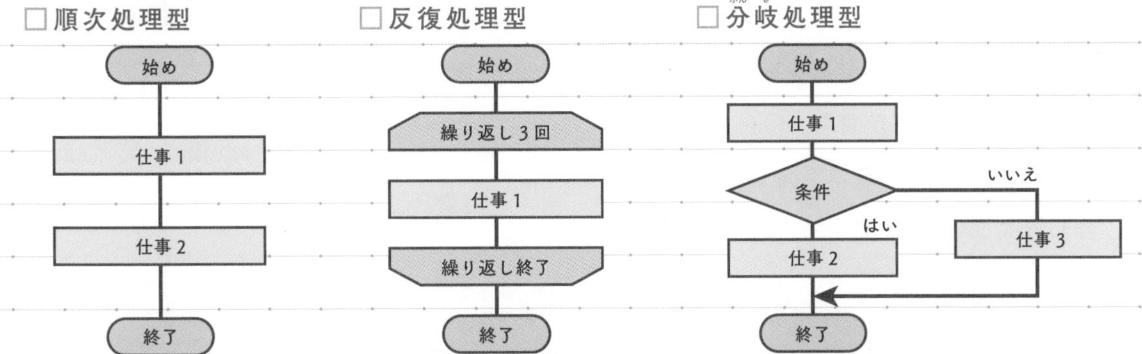

五大栄養素と6つの食品群

栄養素の種類とはたらき，食品の栄養的な特徴をおさえよう。

主にエネルギーになる。 主に体の組織をつくる。 主に体の調子を整える。

□炭水化物 □脂質 □たんぱく質 □無機質 □ビタミン

食品群	主な食品	主な成分	主なはたらき
□1群	魚・肉・卵・豆・豆製品	たんぱく質	体の組織をつくる。
□2群	牛乳・乳製品・小魚・海藻	カルシウム	
□3群	緑黄色野菜	カロテン（ビタミンA）	体の調子を整える。
□4群	その他の野菜・果物・きのこ	ビタミンC	
□5群	穀類・いも類・砂糖	炭水化物	エネルギーになる。
□6群	油脂・種実	脂質	

既製服の取り扱い表示の例

取り扱い表示の意味を把握しよう。

	□家庭洗濯	□漂白	□乾燥	□アイロン	□クリーニング
記号例	40				F
意味	液温40℃以下で洗濯機での弱い洗濯可。	酸素系漂白剤のみ使用可。	タンブル乾燥はできない。	200℃を限度にアイロンできる。	石油系溶剤で弱いドライクリーニング可。

住まいの役割と工夫

住まいの役割や特徴を理解しよう。

住まいの役割	
	□生命や生活を守る。
	□安らぎや健康をもたらす。
	□子どもが育ち，家族をつなぐ。

□日本の住まいは，日本各地の気候風土に合わせて工夫されている。

幼児の身長と体重

体の大きさの変化を理解しよう。

時期	身長	体重
□生まれたとき	約50 cm	約3 kg
	約1.5倍	約3倍
□1歳	約75 cm	約9 kg
□4歳	約100 cm	約15 kg

（生まれたときから4歳まで：身長 約2倍，体重 約5倍）

THE
LOOSE-LEAF
STUDY GUIDE
実技
FOR JHS STUDENTS

中学
実技

音楽

MUSIC

A LOOSE-LEAF COLLECTION
FOR A COMPLETE REVIEW
OF THE SKILL-FOCUSED SUBJECT AREAS
GAKKEN PLUS

学習内容

学習項目	学習日	テスト日程
1 音楽の基礎知識　楽譜の読み方		
2 音楽の基礎知識　音名と階名		
3 音楽の基礎知識　音符と休符		
4 音楽の基礎知識　拍子記号と曲の速さ		
5 音楽の基礎知識　いろいろな記号		
6 音楽の基礎知識　長調と短調		
7 鑑賞　ヴィヴァルディ「春」		
8 鑑賞　バッハ「フーガ ト短調」		
9 鑑賞　ベートーヴェン「交響曲第５番 ハ短調」		
10 鑑賞　シューベルト「魔王」		
11 鑑賞　ヴェルディ「アイーダ」		
12 鑑賞　スメタナ「ブルタバ（モルダウ）」		
13 歌唱　「赤とんぼ」「浜辺の歌」		
14 歌唱　「荒城の月」「花」		
15 歌唱　「夏の思い出」「花の街」		
16 歌唱　「早春賦」「帰れソレントへ」		
17 伝統　日本の民謡		
18 伝統　歌舞伎「勧進帳」		
19 伝統　能「敦盛」「羽衣」		
20 伝統　雅楽「平調 越天楽」		
21 伝統　文楽		
22 伝統　箏曲「六段の調」・尺八楽「巣鶴鈴慕」		
23 器楽　リコーダーの奏法		
24 器楽　ギターの奏法		

TO DO LIST

やることをリストにしよう！ 重要度を☆で示し，できたら□に印をつけよう。

□☆☆☆　□☆☆☆
□☆☆☆　□☆☆☆
□☆☆☆　□☆☆☆
□☆☆☆　□☆☆☆

THEME **音楽の基礎知識　楽譜の読み方**

五線譜といろいろな記号

□ 五線譜（ごせんふ）…音楽を記録する方法の中で，いちばん使われているもの（楽譜）。ヨーロッパで確立された。５本の横線（五線）の上に音符（おんぷ）や休符（きゅうふ），記号が書かれている。

□ 音部記号…01 ＿＿＿＿（𝄞）や，へ音記号（𝄢）のような，おもに五線譜のいちばん左側に書かれている記号で，その五線に書かれた音符の高さを表す。

□ 調号　…ト音記号やへ音記号の右に記された，02 ＿＿＿＿（♯）やフラット（♭）のような，その曲の調（➡ p.22）を表す記号。

楽譜の途中（とちゅう）で音符の左側につく♯や♭は臨時記号（一時的に音高を変化させるための記号）という。♯は「半音上げる」，♭は「半音下げる」という意味。（➡ p.22）

□ 03 ＿＿＿＿…その曲の拍子の区切りを示す縦線で区切られたそれぞれの区分。

□ 04 ＿＿＿＿…その曲の終わりを示す２本の縦線で，右側が太い。

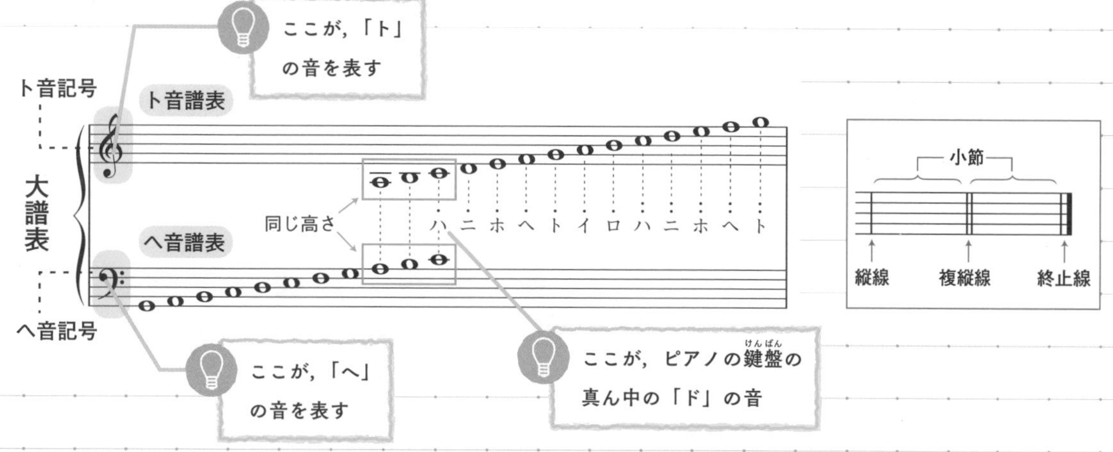

□ 05 ＿＿＿＿…ト音記号の楽譜（ト音譜表）とへ音記号の楽譜（へ音譜表）を上下に並べた楽譜。広い音域を表せるので，ピアノや合唱曲などに使われる。

ト音譜表は，主にピアノの右手で弾（ひ）く部分や，歌の旋律（せんりつ）などの高い音を出す部分の音を表す。

□ 反復記号

記号	読み方	意味
D.C.	ダ カーポ	始めから
D.S.	ダル セーニョ	𝄋（セーニョ）へ戻る
Fine	フィーネ	終わり

No.

Date

THEME

音楽の基礎知識　音名と階名

「音名」とは

□音名…1音に1つずつついている固有の名前で，絶対的な音の高さを表す。

日本では，「ハニホヘトイロ」で表す。

ピアノの鍵盤の真ん中の「ハ」の音は「ハ」(「一点ハ」と読む）で表す。

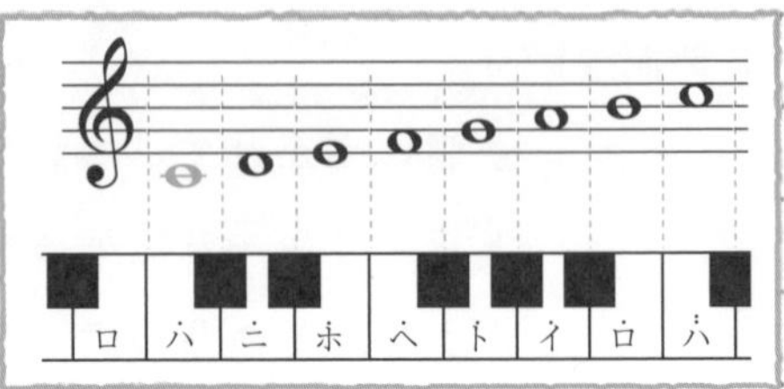

「階名」とは

□階名…音階のそれぞれの音を呼ぶときの名前。日本では，「01　　　　」で表す。

長調の主音（音階の基礎となる最初の音）は「02　　　」。

短調の主音は「03　　　」。

□04　　　　…それぞれの調（➡p.22）で使う音を一定の高さの順に階段状に並べたもの。

同じ高さの音（イ）でも，調によって階名は変わる。

調によって，「ド」の高さが変わる。

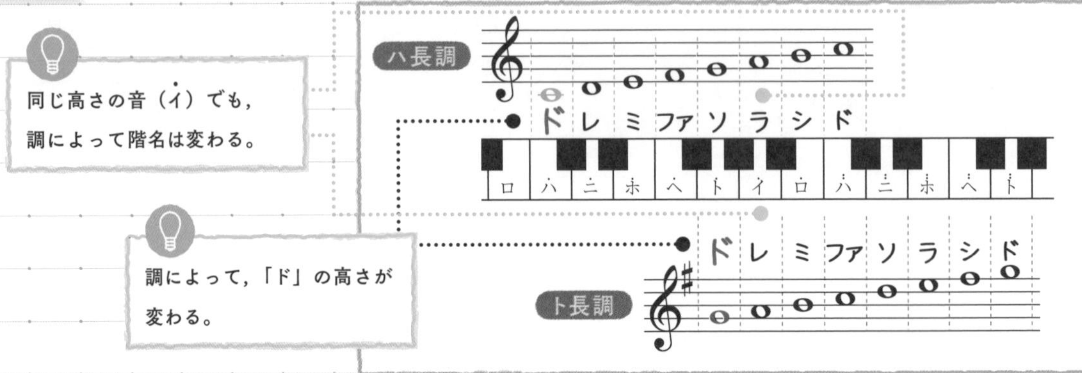

長調は「ド」から，短調は「ラ」から始まる。

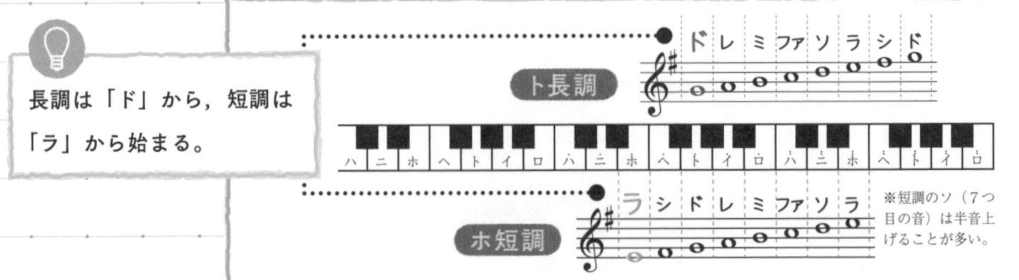

□「ド，レ，ミ，ファ，ソ，ラ，シ，ド」のような，ある音から8番目の同じ音までを「1オクターブ」という。

THEME

音楽の基礎知識　音符と休符

「音符」とは

□音符…楽譜の中で，音の高さや長さを表す。

□音符の長さは 01 ＿＿＿＿（𝅝）がいちばん長い。4分音符（♩）を1拍とすると，4拍のばす。

□2分音符（𝅗𝅥）は2拍のばす。また，8分音符（♪）は4分音符の半分の長さ（1拍の2分の1）をのばす。

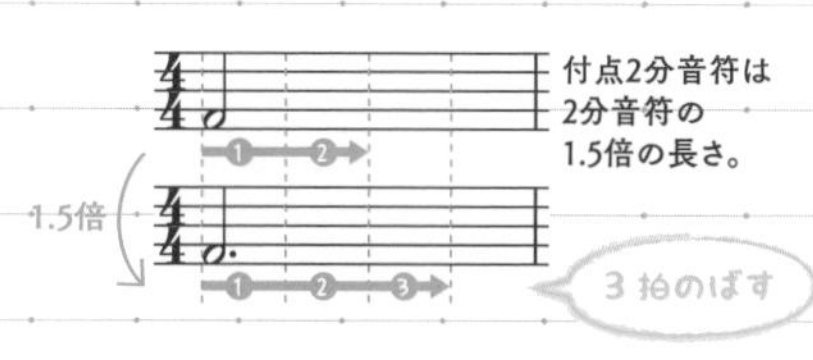

□ 02 ＿＿＿＿…音符のたまの右横につく点。この点がついた音符は，もとの音符の1.5倍の長さになる。

□ 03 ＿＿＿＿…ある音符の長さを3等分した音符。

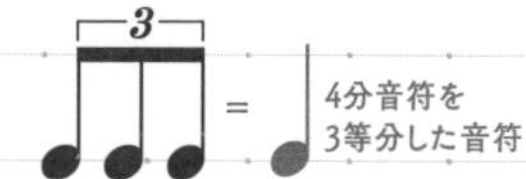

「休符」とは

□休符…楽譜の中で，音を出さない長さを表す。

□休符の長さは 04 ＿＿＿＿（𝄻）がいちばん長い。4分休符（𝄽）を1拍とした場合，4拍休む，または1小節まるごと休む。𝄼は2分休符といい，2拍休む。全休符との向きの違いに気をつける（全休符は下向き，2分休符は上向き）。

□ 音符と休符

音符と休符を，それぞれが示す長さとセットで覚えよう。

音符	名前	休符	名前	長さの割合
𝅝	全音符	𝄻	全休符	
𝅗𝅥.	付点2分音符	𝄼.	付点2分休符	
𝅗𝅥	2分音符	𝄼	2分休符	𝅝（𝄻）の$\frac{1}{2}$
♩.	付点4分音符	𝄽.	付点4分休符	
♩	4分音符	𝄽	4分休符	𝅝（𝄻）の$\frac{1}{4}$
♪	8分音符	𝄾	8分休符	𝅝（𝄻）の$\frac{1}{8}$
𝅘𝅥𝅯	16分音符	𝄿	16分休符	𝅝（𝄻）の$\frac{1}{16}$

THEME 音楽の基礎知識　拍子記号と曲の速さ

まだまだ　もう少し　ばっちり

「拍子記号」とは

□拍子…その曲の基本のリズムの単位を表すもの。

□拍子記号…その曲の拍子を示す記号。記号の下の数字は1拍と数える 01 ＿＿＿＿ の種類を，上の数字は1小節に入る拍の 02 ＿＿＿＿ を表す。

ふつう曲の最初の音部記号と調号の右横に記される。

4/4（上の4：1小節に4つ，下の4：4分音符が）

□

$\frac{2}{4}$ ←1小節に2つ ←4分音符が	4分の2拍子	$\frac{4}{4}$ ←1小節に4つ ←4分音符が	04 ＿＿＿＿
$\frac{3}{4}$ ←1小節に3つ ←4分音符が	03 ＿＿＿＿	$\frac{6}{8}$ ←1小節に6つ ←8分音符が	05 ＿＿＿＿

速さを表す用語・記号

□曲を演奏する速さは，ふつう，楽譜の最初に示されている。

記号	読み方	意味
Largo	ラルゴ	幅広く緩やかに
Adagio	アダージョ	緩やかに
Lento	レント	緩やかに
Andante	アンダンテ	ゆっくり歩くような速さで
Moderato	モデラート	中ぐらいの速さで
Allegretto	アレグレット	やや速く
Allegro	アレグロ	速く
Presto	プレスト	急速に
♩＝60～66		1分間に♩を60～66打つ速さで
ritardando (*rit.*)	リタルダンド	だんだん遅く
accelerando (*accel.*)	アッチェレランド	だんだん速く
a tempo	ア テンポ	もとの速さで

THEME
音楽の基礎知識　いろいろな記号

音の強弱を表す記号

□音の強弱を表す，*p*（ピアノ）は「01　　　　」，*f*（フォルテ）は「02　　　　」という意味。

ピアニッシモ　ピアノ　メッゾ ピアノ　メッゾ フォルテ　フォルテ　フォルティッシモ

pp < *p* < *mp* < *mf* < *f* < *ff*

□

記号	読み方	意味
pp	ピアニッシモ	とても弱く
p	ピアノ	弱く
mp	メッゾ ピアノ	少し弱く
mf	メッゾ フォルテ	少し強く
f	フォルテ	強く
ff	フォルティッシモ	とても強く

□

記号・用語	読み方	意味
crescendo (cresc.)	クレシェンド	だんだん強く
decrescendo (decresc.)	デクレシェンド	だんだん弱く
diminuendo (dim.)	ディミヌエンド	だんだん弱く

演奏のしかたを表すもの

□演奏のしかたを表す *legato*（レガート）は「03　　　　」という意味。また，𝄐（フェルマータ）は「その音符（休符）を04　　　　」という意味を表す。

□

記号・用語	読み方	意味
legato	レガート	滑らかに
	テヌート	その音の長さを十分に保って
	フェルマータ	その音符（休符）をほどよく延ばして
	アクセント	その音を目立たせて，強調して
	スタッカート	その音を短く切って
	タイ	隣り合った同じ高さの音符をつなぎ，1つの音に
	スラー	高さの違う2つ以上の音符を滑らかに

THEME 音楽の基礎知識　長調と短調

「長調」と「短調」

☐ 01 ＿＿＿＿ …曲の主音（しゅおん）（音階の基準になる最初の音）と，その曲が長調と短調とどちらの音階で構成されているかを表すもの。楽譜（がくふ）では，調号がその曲の調を表す。

☐ 02 ＿＿＿＿ …明るい感じの響（ひび）きの調で，
主音の階名は「03 ＿＿＿＿」になる。
主音が「ハ」の位置なら，
「ハ長調」になる。

ハ長調
階名 ド レ ミ ファ ソ ラ シ ド

☐ 04 ＿＿＿＿ …暗い感じの響きの調で，
主音の階名は「05 ＿＿＿＿」になる。
主音が「イ」の位置なら，
「イ短調」になる。

長調の音階の3つ目（ミ）と6つ目（ラ）の音を半音下げると同じ主音の短調の音階になる。

☐ おもな長調の調号と主音

ハ長調

☐ おもな短調の調号と主音

臨時記号

☐ 小節内で一時的に音高を変化させるために，音符の左側につける。

☐

記号	読み方	意味
♯	06 ＿＿＿＿（日本語では嬰（えい））	半音上げる
♭	07 ＿＿＿＿（日本語では変）	半音下げる
♮	ナチュラル	もとの高さで

THEME 鑑賞　ヴィヴァルディ「春」

ヴァイオリン協奏曲「春」

A.ヴィヴァルディ（1678～1741）

□「春」は，イタリアの 01 ＿＿＿＿ が作曲した，02 ＿＿＿＿ の独奏と，その他の弦楽器と通奏低音（チェンバロなど）の合奏のための協奏曲。

□ヴィヴァルディが活躍した時代の音楽はバロック音楽（1600～1750年ごろのヨーロッパの音楽）と呼ばれる。

□曲集「和声と創意の試み」の第１集 03 ＿＿＿＿ の中の１曲。

□「春」は 04 ＿＿＿＿ と呼ばれるイタリアの14行からなる詩の内容を表現している。

□「春」は３つの楽章から構成。第１楽章は楽曲の中心となる旋律（リトルネッロ部）が各部分で現れる，リトルネッロ形式によって作られている。05 ＿＿＿＿ の到来を表す主題が小鳥の 06 ＿＿＿＿ などを表現する旋律をはさみながら演奏される。

▲「春が来た」という詩の部分を音楽で表した部分。

〈「春」の第１楽章のソネットの要約〉

春が来て，小鳥たちは陽気な歌で歓迎する。そよ風に優しくなでられ，泉は静かにわき出す。天は黒雲で覆われ，激しい稲妻と雷鳴が春を告げる。嵐が去ると，鳥たちはまた美しい歌を歌い出す。

□ 07 ＿＿＿＿ …メインとなる独奏楽器と，複数の楽器との合奏のための器楽曲のこと。コンチェルトともいう。

チェンバロ
コントラバス
第１ヴァイオリン
第２ヴァイオリン
ヴィオラ
チェロ
○独奏ヴァイオリン

▲弦楽合奏の配置例

□ 08 ＿＿＿＿ …楽譜に書かれた低音パートに和音を加えながら伴奏する方法。「春」ではチェンバロなどが担当する。

No.

Date

THEME

鑑賞　バッハ「フーガ ト短調」

「フーガ ト短調」

□「フーガ ト短調」は，ドイツの01＿＿＿＿が作曲した，02＿＿＿＿の独奏曲。

□バッハはバロック音楽の代表的な作曲家で，数多くの作品を作曲した。「音楽の父」とも呼ばれる。

J. S. バッハ（1685～1750）

□フーガ…音楽の形式のひとつ。最初に出てきた，03＿＿＿＿（楽曲を構成する主となる旋律）を追いかけるように，複数のパート（04＿＿＿＿）が繰り返し演奏されるのが特徴。

□「フーガ ト短調」は05＿＿＿＿つの声部で構成。主題に続いて，主題の調を変えて演奏する声部（第２声部，第４声部）を「06＿＿＿＿」という。

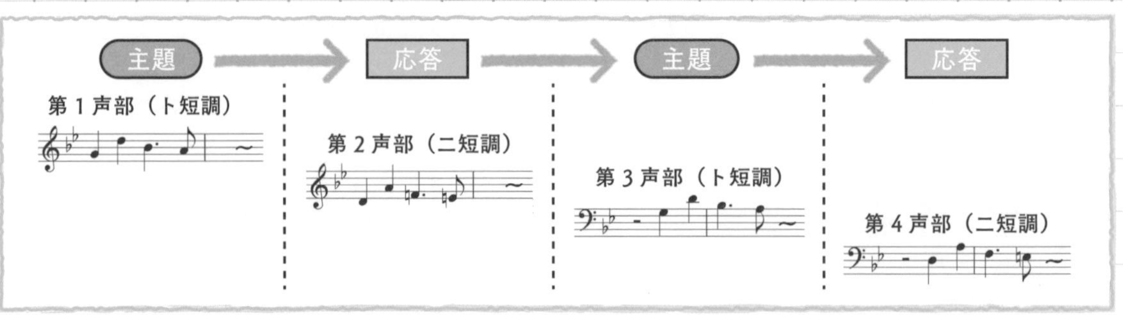

□バッハ作曲の同じト短調の「幻想曲とフーガ」と区別するために，「小フーガ」とも呼ばれる。

パイプオルガン

□07＿＿＿＿…鍵盤を押して，大小さまざまな08＿＿＿＿に空気を送り込んで音を出す鍵盤楽器。重厚な音色が特徴。

□手鍵盤と足鍵盤があり，鍵盤の横にある09＿＿＿＿を操作して鳴らすパイプを選び，音色を変化させる。

もともとはキリスト教の教会で礼拝のときに用いられる楽器として発達した。

▲パイプオルガン

THEME 鑑賞　ベートーヴェン「交響曲第５番 ハ短調」

まだまだ　もう少し　ばっちり

「交響曲第５番　ハ短調」

□「交響曲第５番　ハ短調」は，ドイツの作曲家 01 ＿＿＿＿ によって作られた交響曲。日本では，「運命」とも呼ばれている。

L.v.ベートーヴェン（1770〜1827）

□「交響曲第５番　ハ短調」は 02 ＿＿＿＿ つの楽章で構成される。第１楽章は 03 ＿＿＿＿ で作られている。

□第１楽章の第１主題に出てくる 04 ＿＿＿＿（旋律を構成する最も短いまとまり，モチーフ）が有名。ほかの楽章でも変化した形で現れる。

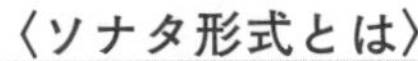

提示部【主題を示す】

↓
展開部【主題が変化】
↓
再現部【主題が再び現れる】

↓
コーダ（終結部）【締めくくり】

この４つのまとまりをもつ形式がソナタ形式

〈提示部　第1主題に出てくる動機〉

交響曲

□交響曲…05 ＿＿＿＿（管弦楽）によって演奏される大規模な楽曲のことで，ふつう４つの楽章から構成される。

▼管弦楽の楽器の配置例

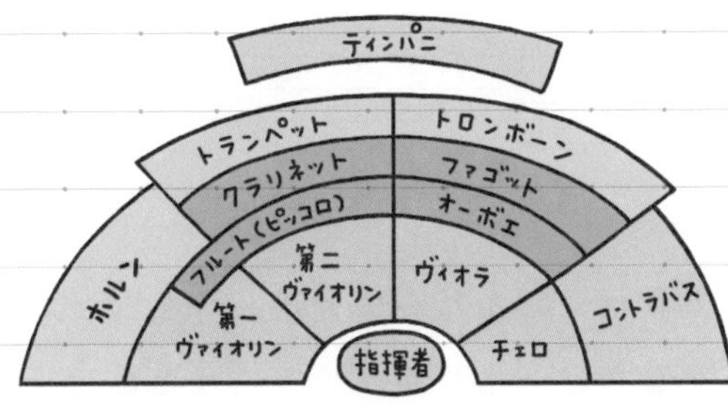

□オーケストラ（管弦楽）の構成

06 ＿＿＿＿	楽器	フルート，クラリネット，オーボエなど
07 ＿＿＿＿	楽器	トランペット，ホルン，トロンボーンなど
08 ＿＿＿＿	楽器	ヴァイオリン，ヴィオラ，チェロなど
09 ＿＿＿＿	楽器	ティンパニ，シンバルなど

THEME **鑑賞　シューベルト「魔王」**

「魔王」

F.P.シューベルト（1797～1828）

□「魔王」は，オーストリアの 01 ＿＿＿＿＿＿＿＿ が18歳のときに作ったリート（ドイツ語による歌曲）。

□「魔王」は，ドイツの文学者である 02 ＿＿＿＿＿＿＿＿ の詩に曲をつけたもの。

□演奏形態は，ピアノの伴奏に合わせて，おもにバリトン（男声の中音域で，音域が広い）歌手による 03 ＿＿＿＿＿＿＿＿（1人で歌う）。

□「魔王」の詩の中には，語り手，父，子，04 ＿＿＿＿ が登場し，1人の歌手が歌い分ける。父が子を抱いて馬を走らせていると，父には見えない魔王が子に遊ぼうと誘う。おびえる子をなだめながら宿へと急ぐが，子は死んでしまった，という内容。

J.W.v.ゲーテ（1749～1832）

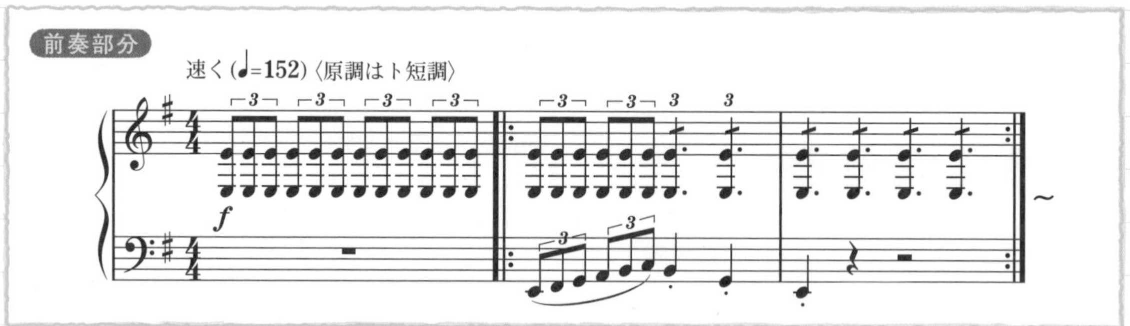

□子の旋律は，だんだんに音が 05 ＿＿＿＿＿＿ なっていくことで，子のおびえの高まりを表す。

□魔王の旋律は，はじめは子を誘うために 06 ＿＿＿＿＿＿＿＿ 歌い方で，最後は本性を表して 07 ＿＿＿＿＿＿＿＿ 歌い方になる。

□シューベルトは，31歳で亡くなるまでに600曲以上のリートをはじめとする多くの作品を残した。シューベルト作曲のリートには，ほかに「野ばら」（ゲーテ詩）などがある。

THEME

鑑賞　ヴェルディ「アイーダ」

「アイーダ」

□「アイーダ」は，イタリアの 01 ＿＿＿＿＿＿ によって作られたオペラ。

□「アイーダ」の初演は 1871 年。全 02 ＿＿＿ 幕で構成され，古代 03 ＿＿＿＿＿ が舞台（ぶたい）。

□第 2 幕第 2 場の，04 ＿＿＿＿＿＿ で演奏される「凱旋（がいせん）(の)行進曲」が有名。

G.ヴェルディ(1813～1901)

□主人公のエチオピア王女 05 ＿＿＿＿＿ と，敵国であるエジプトの将軍ラダメスとの悲恋（ひれん）を中心とする物語。

アイーダの
人物相関図

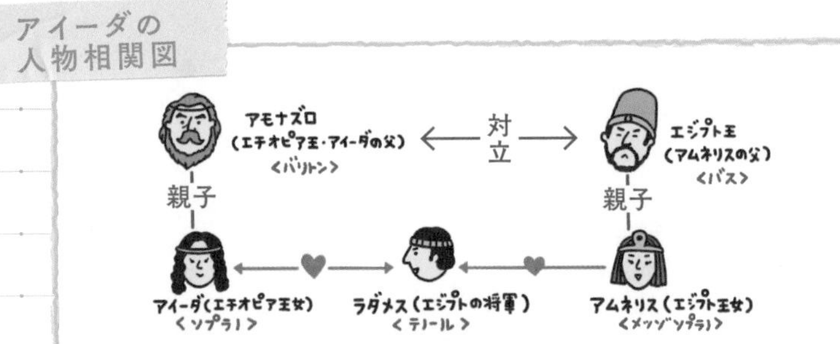

オペラ

□ 06 ＿＿＿＿＿ (歌劇)…歌を中心に音楽で物語を進めていく舞台芸術。ふつう 07 ＿＿＿＿＿＿ を伴（ともな）って上演される。演劇・舞踊（ぶよう）・美術など，さまざまな要素をあわせ持つことから，「総合芸術」と呼ばれる。

□オペラは，歌手が役を演じる。主人公を演じるのは女性の高音パートの 08 ＿＿＿＿＿＿ 歌手や，男性の高音パートの 09 ＿＿＿＿＿＿ 歌手であることが多い。

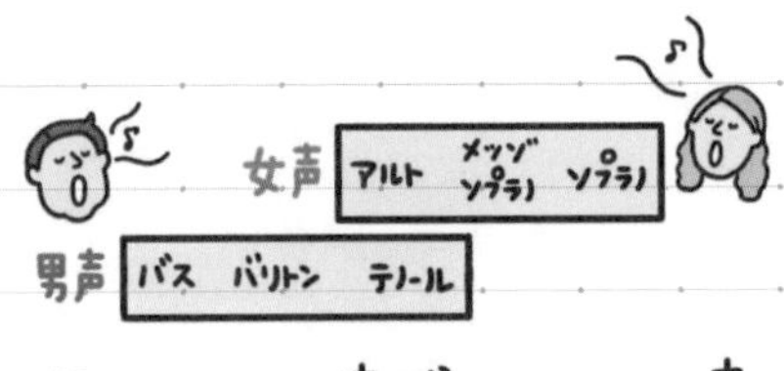

THEME 鑑賞　スメタナ「ブルタバ（モルダウ）」

まだまだ　もう少し　ばっちり

「ブルタバ（モルダウ）」

B. スメタナ（1824～1884）

□「ブルタバ（モルダウ）」は，現在のチェコの作曲家 01＿＿＿＿ によって作られた，連作交響詩「02＿＿＿＿」全6曲の中の第2曲。

□ブルタバは，ボヘミア地方を流れる 03＿＿＿＿ の名前。ドイツ語ではモルダウと呼ばれる。

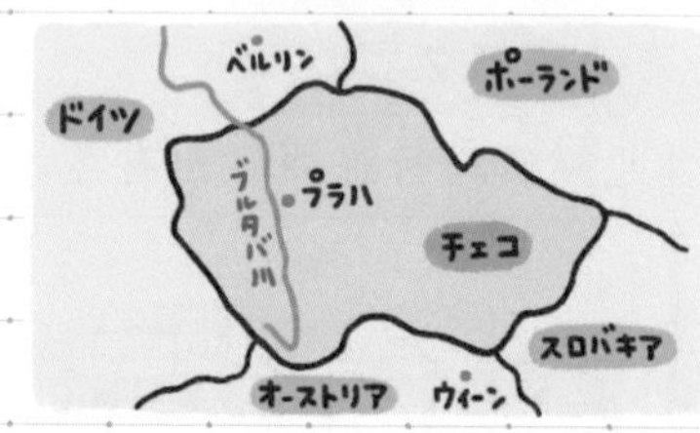

□「ブルタバ」では，標題（曲の説明，テーマ）の内容を，さまざまな楽器で表現している。

□「ブルタバ」の標題とそこで使われる主な楽器の例

ブルタバの2つの源流	04＿＿＿＿，クラリネット
主題（ブルタバを表す旋律）	05＿＿＿＿，オーボエ
森の狩猟	06＿＿＿＿
月の光，水の精の踊り	07＿＿＿＿，ヴァイオリン

この曲が作られた19世紀のチェコは，オーストリア＝ハンガリー帝国の支配下にあり，厳しい圧政からの独立を目指していた。スメタナはこの願いを音楽に託した。

□ 08＿＿＿＿ …絵画的，または文学的な内容をオーケストラで表現する音楽。自由な形式が多い。

THEME

歌唱　「赤とんぼ」「浜辺の歌」

「赤とんぼ」

□「赤とんぼ」は昭和初期に完成した童謡で，作詞は01＿＿＿＿。

□「赤とんぼ」は，02＿＿＿＿が作曲。大正から昭和にかけて日本の音楽の発展に努めた。

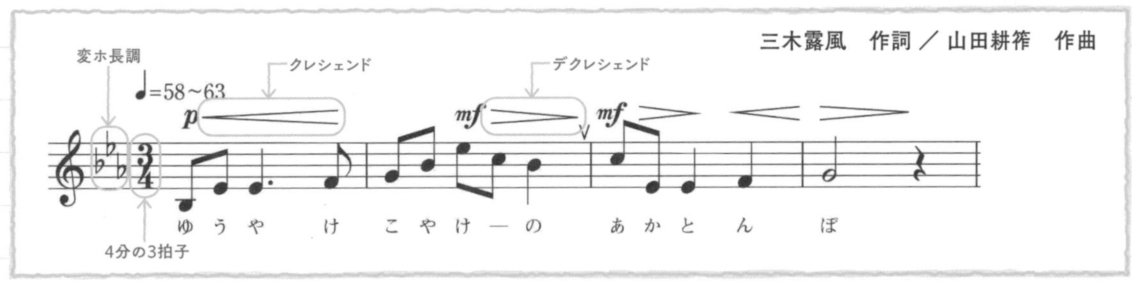

□「赤とんぼ」の歌詞の「負われて」は「姐やに03＿＿＿＿」，「お里のたより」は「04＿＿＿＿からの手紙」という意味。

□旋律と強弱の変化が結びついているので，旋律が高くなるときは05＿＿＿＿歌う。

「浜辺の歌」

□「浜辺の歌」の作詞は06＿＿＿＿，作曲は07＿＿＿＿。

□曲の構成は08＿＿＿＿（8小節程度のまとまりがA・Bの2つある曲の形式）。

□浜辺を散歩すると，波などの情景から昔のことが思い出されるという内容。歌詞の中の「あした」は「09＿＿＿＿」，「ゆうべ」は「10＿＿＿＿」という意味。

THEME 歌唱 「荒城の月」「花」

まだまだ もう少し ばっちり

「荒城の月」

滝廉太郎(1879〜1903)

□「荒城の月」の作詞は01 ＿＿＿＿，作曲は02 ＿＿＿＿。山田耕筰が補作編曲したものも有名。

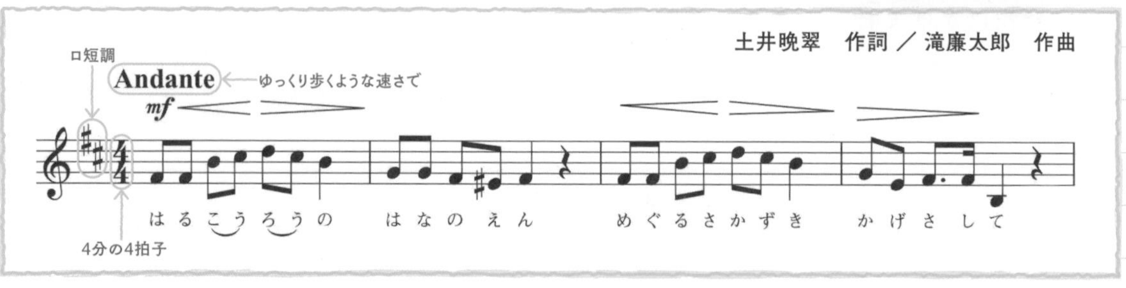

□荒れ果てた城跡を見ながら，昔，月明かりで花見の宴会をしていた人々などに思いをはせた内容。歌詞の中の「花の宴」は「03 ＿＿＿＿の宴会」，「千代の松が枝」は「04 ＿＿＿＿松の枝」という意味。

「花」

□「花」の作詞は05 ＿＿＿＿，作曲は06 ＿＿＿＿。

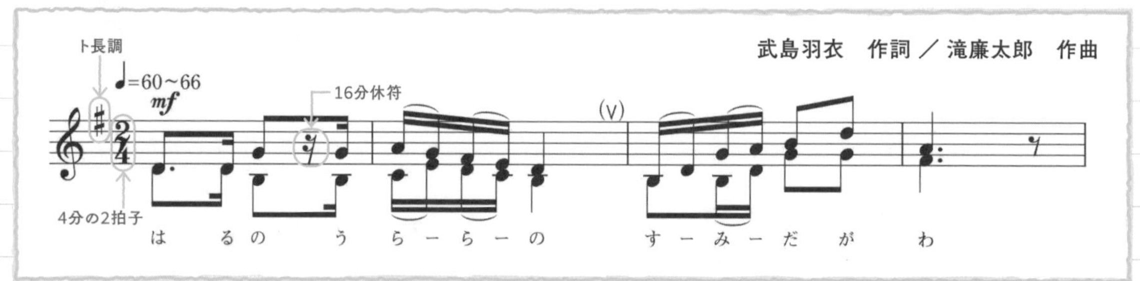

□同声二部の07 ＿＿＿＿曲で，上声部と下声部に分かれて歌う。

□東京の08 ＿＿＿＿の美しい春の様子を歌ったもの。歌詞の中の「うらら」は「柔らかい09 ＿＿＿＿を受けている」，「何にたとうべき」は「何に10 ＿＿＿＿」という意味。

THEME **歌唱　「夏の思い出」「花の街」**

「夏の思い出」

□「夏の思い出」の作詞は 01 ＿＿＿＿，作曲は 02 ＿＿＿＿。

□水芭蕉で有名な，群馬県・福島県・新潟県にまたがる湿原地帯である 03 ＿＿＿＿ の美しい情景を描いた歌。

□1番の「夢見て咲いている」のところで出てくる，右の音符を 04 ＿＿＿＿ という。4分音符（♩）を3等分したリズムになる。

□歌詞の中の「石楠花色」は「05 ＿＿＿＿」という意味。

「花の街」

□「花の街」の作詞は 06 ＿＿＿＿，作曲は 07 ＿＿＿＿。第二次世界大戦後の1947年（昭和22年）に作られた。

□戦後の焼け野原で思い描いた，美しく平和な「花の街」が表現されている。

□3番の「08 ＿＿＿＿ 街の角で」は，戦争で苦しんだり，悲しんだりしていた人々の姿を映したもの。

THEME **歌唱　「早春賦」「帰れソレントへ」**

まだまだ　もう少し　ばっちり

「早春賦」

□「早春賦（そうしゅんふ）」の作詞は 01 ＿＿＿＿，作曲は 02 ＿＿＿＿。本格的な春が来るのを待ちわびる気持ちを表す歌。

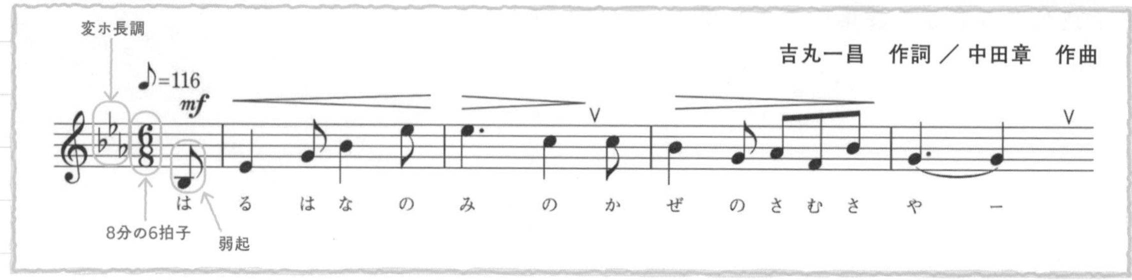

□歌詞の中の「時にあらずと」は「03 ＿＿＿＿」，「角（つの）ぐむ」は「04 ＿＿＿＿が出始める」，「さては時ぞと」は「今がその時だと」という意味。

□強弱を表す ＜ は 05 ＿＿＿＿といい，「だんだん強く」という意味。
＞ は 06 ＿＿＿＿といい，「だんだん弱く」という意味。

「帰れソレントへ」

□「帰れソレントへ」は，07 ＿＿＿＿の大衆歌で，日本では特にカンツォーネと呼ぶ。作曲は 08 ＿＿＿＿。ソレントから去った恋人（こいびと）に戻（もど）ってほしいと願う内容。

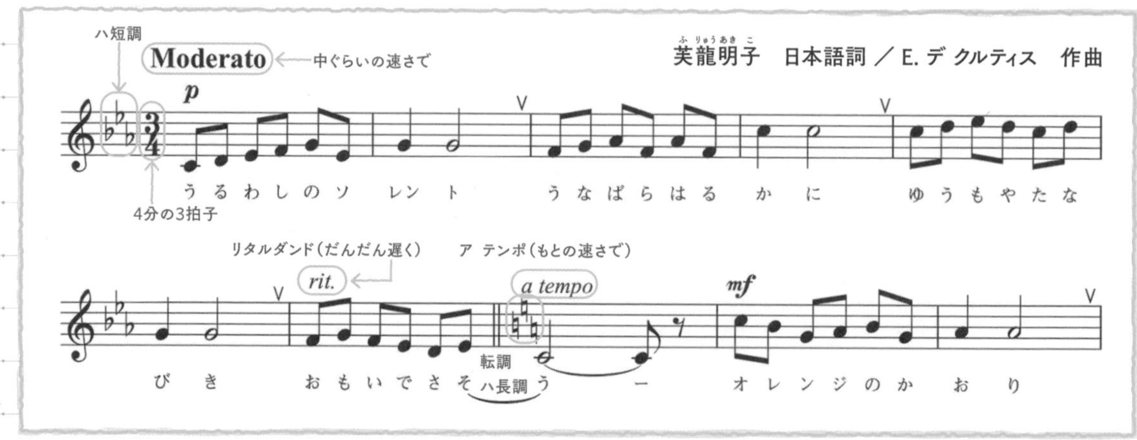

□「帰れソレントへ」では，同じハ音を主音とする長調と短調が使われている。このような調の関係を 09 ＿＿＿＿という。

THEME 伝統　日本の民謡

日本の民謡

□ 日本の民謡は，人々の暮らしの中から生まれ，大切に歌い継がれている。

□ おもな民謡の種類

種類	暮らしの背景や場面	例
01 ＿＿＿＿	様々な労働から生まれた	ソーラン節（北海道），斎太郎節（宮城県）
02 ＿＿＿＿	盆踊りなど，踊りを伴う歌	佐渡おけさ（新潟県），谷茶前（沖縄県）
祝い歌	婚礼など，祝いの場で歌う	朝花節（鹿児島県）
03 ＿＿＿＿	子守りや寝かしつけで歌う	五木の子守唄（熊本県）
座興歌	宴会や娯楽で歌う	金毘羅船々（香川県），黒田節（福岡県）

日本の民謡の特徴

□ 04 ＿＿＿＿…即興的で細かい音の動きの節回し（歌の抑揚や装飾）で歌われる。

□ 05 ＿＿＿＿…先導役が歌い出し，それに続いて他の人が歌ったり，合いの手（囃子詞）を入れたりする。

□ 06 ＿＿＿＿…1オクターブに5つの音を使う音階。おもに下の4つの種類がある。

（全ての音階の始まりの音をホ音にした場合）

都節音階

律音階

民謡音階

沖縄（琉球）音階

▒ の部分の音が音階によって異なる。

THEME 伝統　歌舞伎「勧進帳」

まだまだ　もう少し　ばっちり

「歌舞伎」とは

□歌舞伎…01 ＿＿＿＿ 時代に発展した，音楽・舞踊・演技・舞台装置などが一体となった日本の伝統的な総合芸術。出雲の阿国の「かぶき踊」が起源とされる。ユネスコの無形文化遺産に登録されている。

□歌舞伎で演奏される音楽

02 ＿＿＿＿	歌舞伎の中心となる音楽。舞踊の伴奏を担当
義太夫節（竹本）	1人の太夫と三味線による語りもの
常磐津節	3人の太夫と2人の三味線で演奏。自然な発声を重んじる
清元節	技巧的な発声による唄
03 ＿＿＿＿（下座音楽）	舞台下手の黒御簾で演出，効果音などを担当

歌舞伎「勧進帳」

□「勧進帳」は三世並木五瓶によって作られた。兄から追われた源義経が武蔵坊 04 ＿＿＿＿ らとともに奥州平泉へ向かう途中，05 ＿＿＿＿（現在の石川県小松市）での関守富樫左衛門とのやり取りを描いたもの。

▲富樫

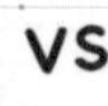

▲弁慶　▲義経

□〈「勧進帳」のあらすじ〉

1　義経一行が安宅の関所に到着
2　富樫に言われ，家来の弁慶がにせの「勧進帳」（寺を建てるための寄付を集める趣旨を書いたもの）を読む
3　富樫に疑われ，弁慶が義経を杖でたたく
4　弁慶の行動に心打たれた富樫が関所の通行を許可
5　弁慶が「06 ＿＿＿＿」を舞い，07 ＿＿＿＿ で弁慶が義経たちを追いかける

□長唄「勧進帳」は四世 08 ＿＿＿＿ 作曲。

□長唄…歌舞伎の音楽として発展した三味線音楽の1つ。唄と 09 ＿＿＿＿（細棹）のほか，能管という笛や，小鼓，大鼓，太鼓による 10 ＿＿＿＿ で構成される。

THEME 伝統　能「敦盛」「羽衣」

「能」とは

□能…01 ______ 時代に 02 ______，03 ______ 親子によって大成した，音楽・舞踊・演技が一体となった日本の伝統的な歌舞劇。2008年に，狂言(笑いを含んだ会話劇)とともに，ユネスコの無形文化遺産に登録された。

□能で，主人公を演じるのが 04 ______ といい，華やかな装束や面を身につける。主人公の相手役は 05 ______ という。

□ 能の音楽

06 ______（声楽部分）	シテやワキのセリフ（コトバ）や旋律（フシ）
	07 ______ …情景やシテの心情を表す。ふつう8人で編成
08 ______（伴奏など）	笛（能管），小鼓，大鼓，太鼓で構成

□能はふつう，能舞台という，専用の舞台で演じられる。

能「敦盛」

□「敦盛」は，世阿弥によって作られた。一の谷の戦いで死んだ 09 ______ を弔うために須磨の浦（兵庫県）を訪れた蓮生法師（ワキ）の前に敦盛の亡霊が現れ，平家の盛衰を語り出すという内容。敦盛の化身と亡霊がシテ。

能「羽衣」

□「羽衣」は，日本各地に伝わる「10 ______ 伝説」に基づいた内容。漁師（ワキ）に羽衣を取られた天人（シテ）が，羽衣を返してもらうために，天人の舞を舞うという内容。

THEME **伝統　雅楽「平調 越天楽」**

まだまだ　もう少し　ばっちり

「雅楽」とは

□ 雅楽…1000年以上の歴史を持つ日本の伝統芸能。5～9世紀ごろに 01 ＿＿＿＿ から伝来した音楽や，日本古来の儀式音楽などが，02 ＿＿ 世紀ごろに現在の形に整えられた。宮中や寺院などで演奏されてきた。

□ **雅楽の種類**

03 ＿＿＿＿，舞楽	奈良時代までにアジア各地から伝わった音楽を起源とするもの
	舞楽は舞と器楽の合奏で，左舞と右舞に分かれる
	管絃は器楽の合奏のみ
歌，舞	日本に古くからあったと思われる音楽に基づいたもの
声楽曲（歌い物）	平安時代に新たに作られたもの

雅楽「平調 越天楽」

□「平調 越天楽」は雅楽の 04 ＿＿＿＿ の代表的な曲の1つ。

□ 管絃は，吹物（管楽器），打物（打楽器），弾物（弦楽器）が使われる。主旋律を担当するのは 05 ＿＿＿＿ である。
ふつう，打物が各1人，弾物が各2人，吹物が各3人の計16人で演奏。

▼管絃の楽器

□「平調 越天楽」は 06 ＿＿＿＿ から始まり，他の楽器が順に加わる。07 ＿＿＿＿ は，全体の速度を決めたり終わりの合図を出したりする。

□ 08 ＿＿＿＿ …演奏するときの速度の変化で，だんだん速くなっていき，最後緩やかになって終わる。日本のさまざまな伝統芸能に応用されている。

□ 09 ＿＿＿＿ …日本音楽の独特の感覚で，音と音の間の無音の部分にその特徴が表れる。

THEME **伝統　文楽**

「文楽」とは

人形遣い

太夫　三味線

□ 文楽…01＿＿＿＿時代に大坂（大阪）で生まれた，日本の伝統的な人形による音楽劇。「人形浄瑠璃」ともいう。大坂の町人文化を背景に発展し，人間の「情」を描く。

□ 02＿＿＿＿…文楽で使われる，太夫（語り）と三味線の演奏による音楽。03＿＿＿＿が始めた。
江戸時代の有名な作家である，04＿＿＿＿による作品で人気が出た。

□ 文楽の音楽

05＿＿＿＿	人物のセリフや地の文（心情や場面の描写）を1人で演じる。太夫が使う台本を「床本」という。また，音の高さを変化させながら，長く延ばして語る母音を「産み字」という。
三味線	語りの内容を補うような心情や場面を表現。

□ 文楽では，主遣い（人形のかしらと右手），左遣い（人形の左手），足遣い（人形の足）の3人で1体の人形を遣う。これを06＿＿＿＿という。

いろいろな三味線

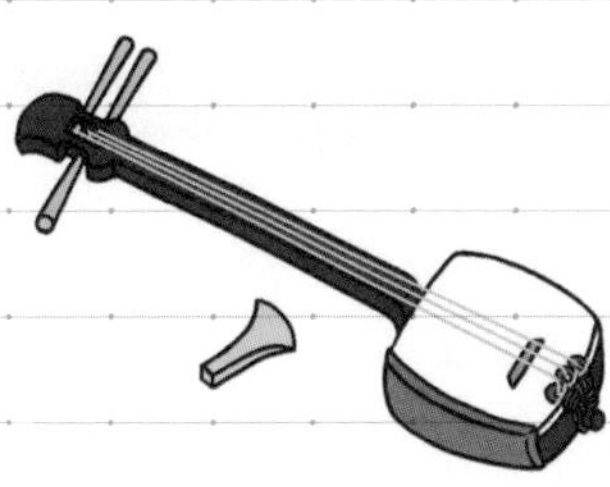

□ 三味線…07＿＿＿＿を使って演奏する。弦は08＿＿＿＿本。
棹の太さや胴の大きさの違いで，太棹，中棹，細棹の3種類ある。

□ 三味線の種類

09＿＿＿＿	棹がいちばん太く，力強い。義太夫節で使われる。
中棹	常磐津節や清元節などで使われる。
10＿＿＿＿	棹がいちばん細い。長唄などで使われる。

中国の三弦が沖縄や奄美地方などで使われる三線になり，16世紀ごろに変化して伝えられたとされる。

THEME 伝統　箏曲「六段の調」・尺八楽「巣鶴鈴慕」

箏曲「六段の調」

□「六段の調」は，01 ＿＿＿ による独奏曲（箏曲）。02 ＿＿＿ によって作られたとされる。「03 ＿＿＿」と呼ばれる，いくつかの部分（段）によって構成された，箏曲を代表する曲。この曲は 04 ＿＿＿ つの段から成り，各段の長さは原則104拍でできている。初段には，それに加えて，4拍の導入部がある。序破急（日本の楽曲に見られる速度の変化）も見られる。

□八橋検校…江戸時代初期に活躍した箏（こと）の演奏家。05 ＿＿＿ という調弦法や，段物などの作曲など，現在の箏曲の基礎を作った。

□箏…右手の指に 06 ＿＿＿ をはめて演奏する。弦は13本。

□特徴的な奏法

07 ＿＿＿	左手で弦をつまんで柱のほうに引いて，音高を下げる。
08 ＿＿＿	右手で弾いたあとに，左手で弦を押して，音高を上げる。

柱

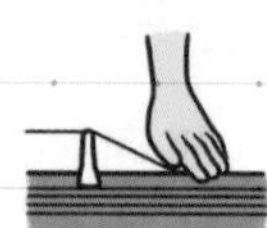

尺八楽「巣鶴鈴慕」

□「巣鶴鈴慕」は，09 ＿＿＿ による独奏曲（尺八楽）。全部で12段からなる。鶴の一生をモチーフに，親子の愛情や別れを表現した曲。

□尺八…日本を代表する管楽器の一つ。10 ＿＿＿ 製の縦笛で，基本となる音は6つ。江戸時代の普化宗の僧（虚無僧）が修行の一つとして吹いていたものが，明治時代になって一般に普及した。

□「琴古流本曲」…虚無僧だった初世黒沢琴古が各地に伝わる尺八曲を集めたもの。

□特徴的な奏法

11 ＿＿＿	顎を引き，下唇で歌口を狭くして音高を下げる。
12 ＿＿＿	顎を出し，歌口を広く開けて音高を上げる。

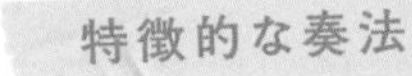

THEME **器楽　リコーダーの奏法**

リコーダーの運指

リコーダーは，古くからヨーロッパで親しまれてきた。

□ アルトリコーダーの運指表（バロック〈イギリス〉式）

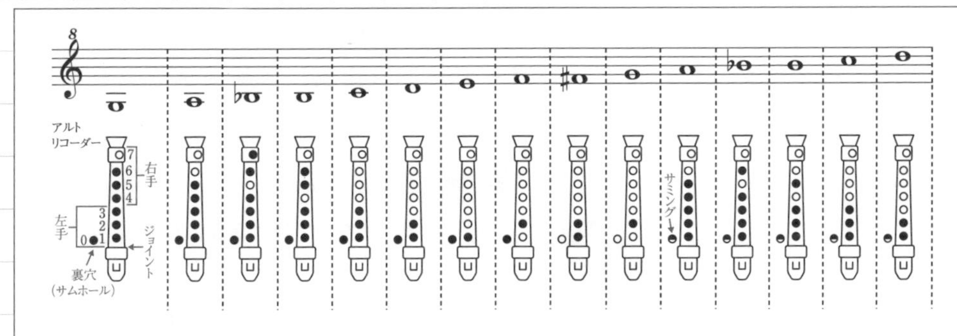

リコーダーの演奏

□ チューニング…音程(おんてい)を合わせるとき，吹(ふ)き口のある頭部管と中部管をつなぐジョイントを少し抜(ぬ)くとピッチ（音程）が 01 ＿＿＿＿。逆に差し込(こ)むとピッチが 02 ＿＿＿＿。

□ サミング…高音を出すとき，中部管のサムホール（裏孔(うら あな)[穴]）をやや開けて音を出すこと。

□ 03 ＿＿＿＿…演奏するとき，音を出したり止めたりする舌の動き。

演奏するときの基本。

アーティキュレーション

□ 04 ＿＿＿＿奏法…１音ずつ短く音を切るように演奏する。
→ 軽やかで鋭(するど)い印象になる。

□ 05 ＿＿＿＿奏法…スラーのついた最初の音だけタンギングし，そのまま息を止めずに演奏する。→ 滑(なめ)らかな印象になる。

□ テヌート奏法…それぞれの音符(おんぷ)の長さを十分に伸(の)ばし，その音をよく響(ひび)かせる。
→ はっきりとした印象になる。

THEME
器楽　ギターの奏法

まだまだ　もう少し　ばっちり

ギターの各部の名称

□ギターの弦は 01 ＿＿＿ 本。ふつう，左手で弦を押さえて，右手で弦をはじいて演奏する。ギターの最も低い音の弦は第６弦で，開放弦はＥ（ハ長調のミ）。

□ 02 ＿＿＿ …ネック（棹）のフィンガーボード（指板）に埋め込まれた金属の部品。左手で弦を押さえて音程を変えるときに使われる。

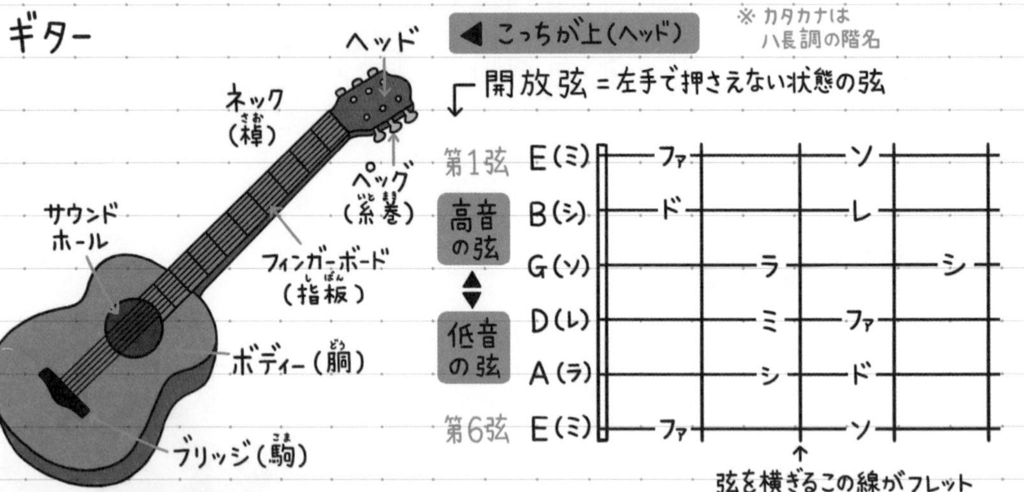

ギターの演奏

□ 03 ＿＿＿ 奏法…右手で弦をはじいたあと，その指をすぐ隣の弦に当てて止めて演奏する。

□ 04 ＿＿＿ 奏法…弦をはじいた指を，他の弦に当てないように演奏する。

□アルペッジョ…コード(和音)を構成する音を１度に弾かないで，１音ずつ分散させて弾く(分散和音)。

□ 05 ＿＿＿ 奏法…左手でコードを押さえ，何本かの弦を同時にかき鳴らす。

ギターの楽譜

□タブ譜…ギターなどに使われる記譜法で，どの弦のどのフレットを押さえればよいかを数字で示したもの。タブラチュア譜を省略した言い方。

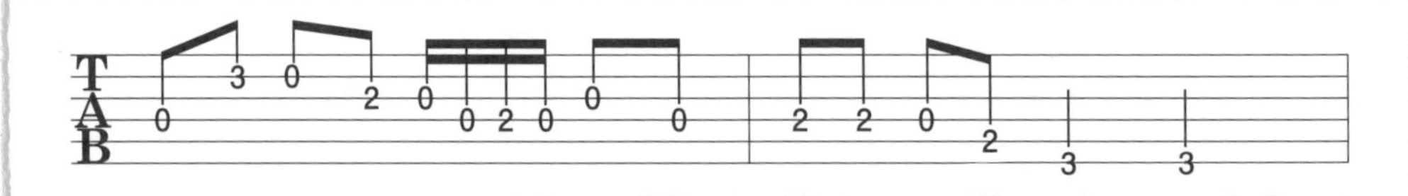

音楽の解答

P.17 楽譜の読み方

01 ト音記号　02 シャープ　03 小節　04 終止線　05 大譜表

P.18 音名と階名

01 ドレミファソラシ　02 ド　03 ラ　04 音階

P.19 音符と休符

01 全音符　02 付点　03 3連符　04 全休符

P.20 拍子記号と曲の速さ

01 音符　02 個数［数］　03 4分の3拍子　04 4分の4拍子　05 8分の6拍子

P.21 いろいろな記号

01 弱く　02 強く　03 滑らかに　04 ほどよく延ばして

P.22 長調と短調

01 調　02 長調　03 ド　04 短調　05 ラ　06 シャープ　07 フラット

P.23 ヴィヴァルディ「春」

01 ヴィヴァルディ　02 ヴァイオリン　03 四季　04 ソネット　05 春　06 鳴き声［さえずり］

07 協奏曲　08 通奏低音

P.24 バッハ「フーガ ト短調」

01 J. S. バッハ　02 パイプオルガン　03 主題　04 声部　05 4　06 応答　07 パイプオルガン　08 パイプ

09 ストップ

P.25 ベートーヴェン「交響曲第5番 ハ短調」

01 ベートーヴェン　02 4　03 ソナタ形式　04 動機　05 オーケストラ　06 木管　07 金管　08 弦　09 打

P.26 シューベルト「魔王」

01 シューベルト　02 ゲーテ　03 独唱　04 魔王　05 高く　06 優しい　07 激しい

P.27 ヴェルディ「アイーダ」

01 ヴェルディ　02 4　03 エジプト　04 トランペット　05 アイーダ　06 オペラ　07 オーケストラ

08 ソプラノ　09 テノール

P.28 スメタナ「ブルタバ（モルダウ）」

01 スメタナ　02 我が祖国　03 川　04 フルート　05 ヴァイオリン　06 ホルン　07 フルート　08 交響詩

P.29 「赤とんぼ」「浜辺の歌」

01 三木露風　02 山田耕筰　03 背負われて　04 ふるさと　05 強く　06 林古溪　07 成田為三　08 二部形式

09 朝　10 夕方

音楽の解答

P.30 「荒城の月」「花」

01 土井晩翠 02 滝廉太郎 03 花見 04 古い 05 武島羽衣 06 滝廉太郎 07 合唱 08 隅田川 09 日差し
10 たとえたらよいのだろうか

P.31 「夏の思い出」「花の街」

01 江間章子 02 中田喜直 03 尾瀬 04 3連符 05 薄い紅色［淡紅色］ 06 江間章子 07 團伊玖磨
08 泣いていたよ

P.32 「早春賦」「帰れソレントへ」

01 吉丸一昌 02 中田章 03 まだその時でないと 04 芽［新芽］ 05 クレシェンド 06 デクレシェンド
07 イタリア 08 E. デ クルティス 09 同主調

P.33 日本の民謡

01 仕事歌 02 踊り歌 03 子守歌 04 コブシ 05 音頭一同形式 06 5音音階

P.34 歌舞伎「勧進帳」

01 江戸 02 長唄 03 黒御簾音楽 04 弁慶 05 安宅の関所 06 延年の舞 07 飛び六方［六法］
08 杵屋六三郎 09 三味線 10 囃子

P.35 能「敦盛」「羽衣」

01 室町 02 観阿弥 03 世阿弥 04 シテ 05 ワキ 06 謡 07 地謡 08 囃子 09 平敦盛 10 羽衣

P.36 雅楽「平調 越天楽」

01 アジア 02 10 03 管絃 04 管絃 05 吹物 06 竜笛 07 鞨鼓 08 序破急 09 間

P.37 文楽

01 江戸 02 義太夫節 03 竹本義太夫 04 近松門左衛門 05 太夫 06 三人遣い 07 ばち 08 3 09 太棹
10 細棹

P.38 箏曲「六段の調」・尺八楽「巣鶴鈴慕」

01 箏 02 八橋検校 03 段物 04 6 05 平調子 06 爪 07 引き色 08 後押し 09 尺八 10 竹 11 メリ
12 カリ

P.39 リコーダーの奏法

01 下がる 02 上がる 03 タンギング 04 スタッカート 05 レガート

P.40 ギターの奏法

01 6 02 フレット 03 アポヤンド 04 アル アイレ 05 ストローク

THE
LOOSE-LEAF
STUDY GUIDE
実技
FOR JHS STUDENTS

中学実技 美術

ARTS

A LOOSE-LEAF COLLECTION
FOR A COMPLETE REVIEW
OF THE SKILL-FOCUSED SUBJECT AREAS
GAKKEN PLUS

学習内容

学習内容	学習日	テスト日程
1 いろいろな描画材		
2 遠近法・さまざまな技法		
3 三原色・色の三属性		
4 版画・木工		
5 焼き物・金属の加工		
6 水墨画・絵巻物・漫画の表現		
7 ポスター・レタリング・いろいろなデザイン		
8 写真・映像の表現		
9 日本の美術史		
10 世界の美術史		

TO DO LIST

やることをリストにしよう！ 重要度を☆で示し，できたら□に印をつけよう。

□☆☆☆　　□☆☆☆
□☆☆☆　　□☆☆☆
□☆☆☆　　□☆☆☆
□☆☆☆　　□☆☆☆

THEME いろいろな描画材

いろいろな描画材

□描(えが)くための材料のことを描画材(びょうがざい)という。次のようなものがある。

鉛筆(えんぴつ)

色鉛筆

水彩絵の具(すいさいえのぐ)

パステル

(4点ともピクスタ)

鉛筆による表現

□鉛筆には，さまざまな濃(こ)さがあり，芯(しん)が硬(かた)いほど 01 ＿＿＿＿，軟(やわ)らかいほど 02 ＿＿＿＿ 描ける。

□鉛筆で立体を描くときは，最初は形を大まかにとらえる。03 ＿＿＿＿ 見える部分は濃く，いちばん 04 ＿＿＿＿ 見える部分は消しゴムや練り消しゴムで消して白くする。光の当たる方向を考え，明暗をつけて立体感を出す。

最も明るい　光　最も暗い　やや明るい

全体を，大きく3つの明暗の段階に分けるとよい。

鉛筆によるいろいろな描き方

□細かい部分を描くときは，鉛筆を 05 ＿＿＿＿ 描くとよい。

□大きな面を描くときは，鉛筆を 06 ＿＿＿＿ 描くとよい。

□表現に変化をつけるときは，07 ＿＿＿＿ や布でこするとよい。

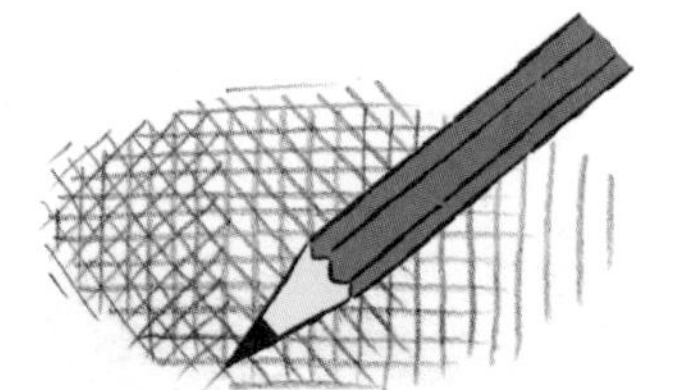

□明暗や立体感を表すときは，線を交差させて描くとよい（ハッチング）。

THEME いろいろな描画材

水彩絵の具による表現

□水彩絵の具は，08 ＿＿＿＿の使い方を工夫したり，加える 09 ＿＿＿＿の分量を変えたりすることで，いろいろな表現ができる。

□ 筆の種類

10 ＿＿＿＿：広い部分を均一に塗るのに適している。

11 ＿＿＿＿：曲線が描きやすく，いろいろな表現ができる。

細筆：細かい部分を描くのに適している。

細い線を描くときに使う，面相筆もある。

□鉛筆で下描きしたものに色を塗るときは，12 ＿＿＿＿，淡い色から塗っていき，13 ＿＿＿＿，濃い色を重ねていくとよい。

□ 色のつくり方

14 ＿＿＿＿

パレットの上でいくつかの色を混ぜる。混ぜる色の割合を変えると，ちがう色ができる。

15 ＿＿＿＿

下に塗った色が乾いてから，上に別の色を重ねて塗る。重なった部分が別の色になる。

□ 水彩絵の具を使ったいろいろな表現方法

ぼかし

絵の具を塗ったあとに，水を含ませた筆でなぞる。

にじみ

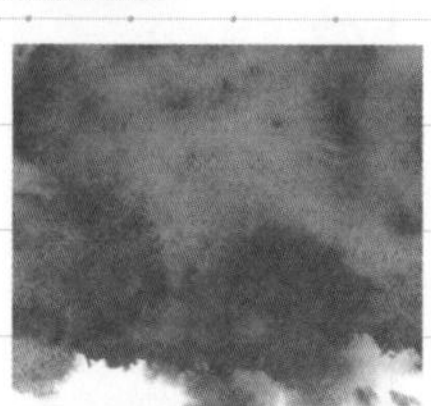

下に塗った絵の具が乾かないうちに，別の色をのせる。

吸い取り

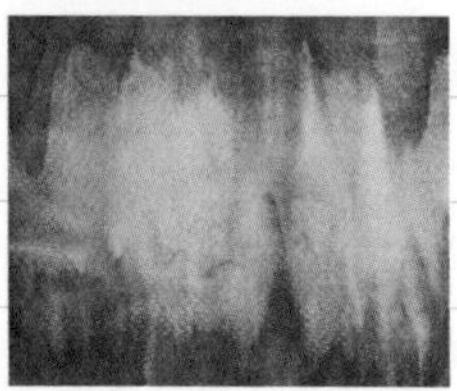

絵の具が乾かないうちに，ティッシュペーパーなどで絵の具を吸い取る。

ドライブラシ（かすれ）

水の量が少ない絵の具を乾いた筆につけて描く。

(4点ともユニフォトプレス)

THEME

遠近法・さまざまな技法

遠近法

□立体感や距離感を出し，奥行きのある空間を表現するときは，01 ＿＿＿＿ を使う。

線遠近法

□線の方向で遠近感を出す方法。一点透視図法，二点透視図法，三点透視図法がある。

□02 ＿＿＿＿

一つの点に向かって線を集め，その線に沿ってものが小さくなるように描く。この点のことを 03 ＿＿＿＿ という。

ものを正面から見た形を描く場合に適している。

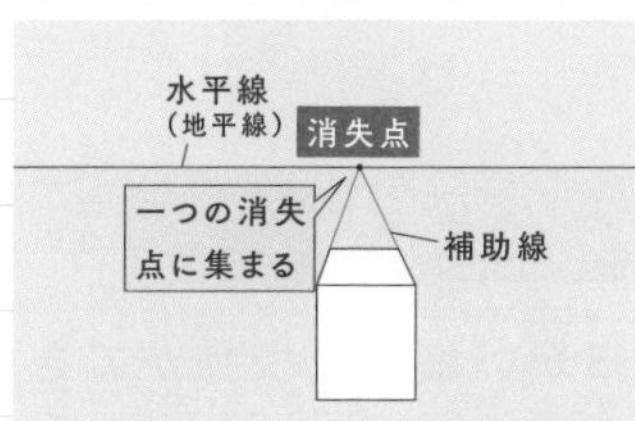

□04 ＿＿＿＿

二つの点に向かって線を集め，その線に沿ってものが小さくなるように描く。

ものを斜めの位置から見て描く場合に適している。

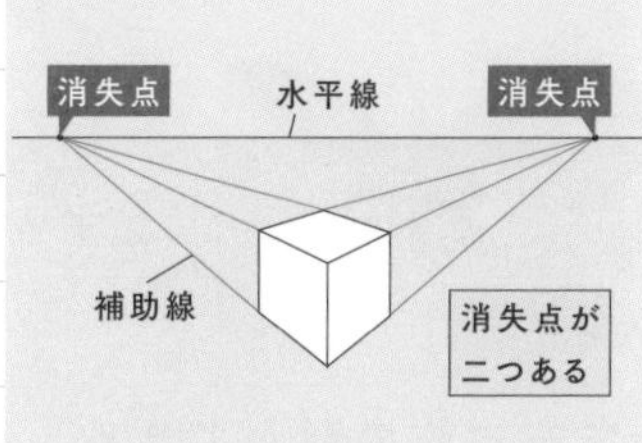

□05 ＿＿＿＿

三つの点に向かって線を集め，その線に沿ってものが小さくなるように描く。

ものを上から見下ろしたり，下から見上げたりして描く場合に適している。

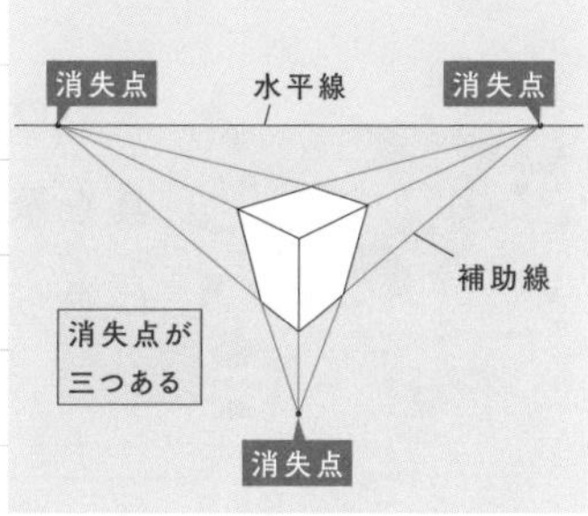

空気遠近法

□大気の性質を利用して，近くにあるものは 06 ＿＿＿＿ はっきりと，遠くにあるものは 07 ＿＿＿＿ ぼんやりと描く方法。

遠くのものは，淡くぼんやりと。

近くのものは，濃くはっきりと。

63ページの「モナ・リザ」も空気遠近法が使われている。

そのほかの遠近法

□遠近感を表す方法にはほかに，前後の重なりで奥行きを出す方法や，遠くにあるものは 08 ＿＿＿＿，近くにあるものは 09 ＿＿＿＿ 描く方法などもある。

THEME 遠近法・さまざまな技法

さまざまな技法（モダンテクニック）

□モダンテクニックとは，絵の具やいくつかの素材を使って，偶然にできる形や色を組み合わせた効果や表現のこと。

10 ＿＿＿＿＿＿

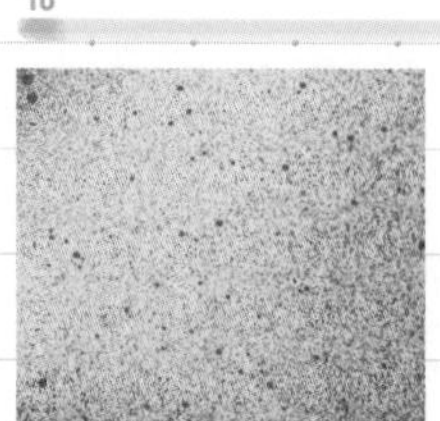

濃いめの絵の具をブラシにつけ，網にこすりつける。

細かいぼかし模様ができる。

11 ＿＿＿＿＿＿

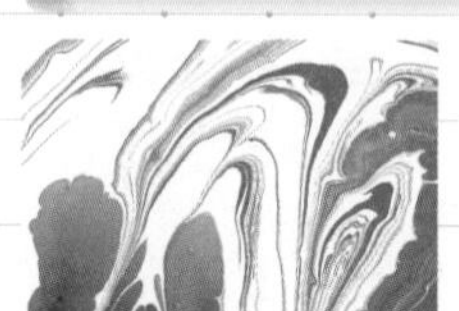

水面に浮かべた絵の具を棒などで混ぜ，模様を紙に写し取る。

マーブル模様ができる。

12 ＿＿＿＿＿＿

二つ折りにした紙の間に絵の具を置いて閉じ，こすってから紙を開く。

左右対称の形ができる。

13 ＿＿＿＿＿＿

凹凸のあるものの上に薄い紙を置いて，上から鉛筆や色鉛筆などでこする。

形や模様が浮かび上がる。

14 ＿＿＿＿＿＿

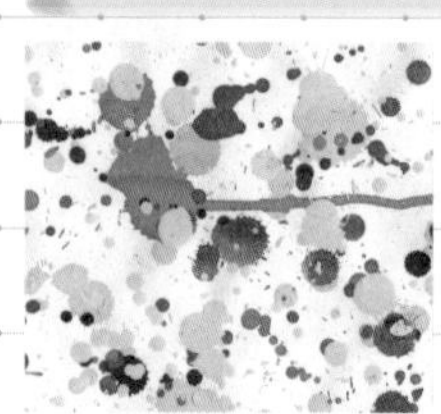

多めの水で溶いた絵の具を筆につけ，紙の上に垂らす。

15 ＿＿＿＿＿＿

紙や布などを切ったりちぎったりして，組み合わせて貼りつける。

（6点ともユニフォトプレス）

紙の上に垂らした絵の具をストローなどで吹く方法もある。（吹き流しともいう。）

そのほかの技法

□16 ＿＿＿＿＿＿：二つ折りにした紙の間に絵の具をつけた糸をはさみ，紙を押さえながら糸を引く。

□スタンピング（型押し）：木の葉やびんのふたなど，身近なものに絵の具をつけて紙に押し当てる。

THEME 三原色・色の三属性

三原色

□色を混ぜてもつくることのできない色のことを 01 ＿＿＿＿ という。絵の具やインクなどの 02 ＿＿＿＿ とテレビやスマホの画面などの 03 ＿＿＿＿ では色が異なる。

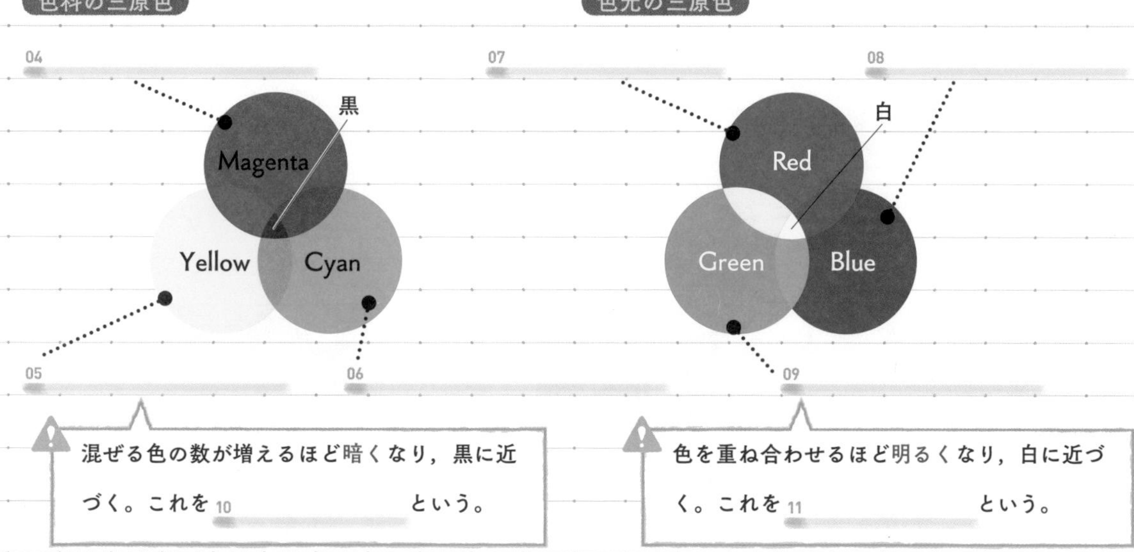

混ぜる色の数が増えるほど暗くなり，黒に近づく。これを 10 ＿＿＿＿ という。

色を重ね合わせるほど明るくなり，白に近づく。これを 11 ＿＿＿＿ という。

色の三属性（三要素）

□色の 12 ＿＿＿＿ ：色相，明度，彩度という，色がもつ三つの性質のこと。

□色相：赤・青・黄など，色みや色合いのこと。□明度：色の 13 ＿＿＿＿ の度合いのこと。

□彩度：色の 14 ＿＿＿＿ の度合いのこと。

色相環

□色相の近い色を順番に並べた環。

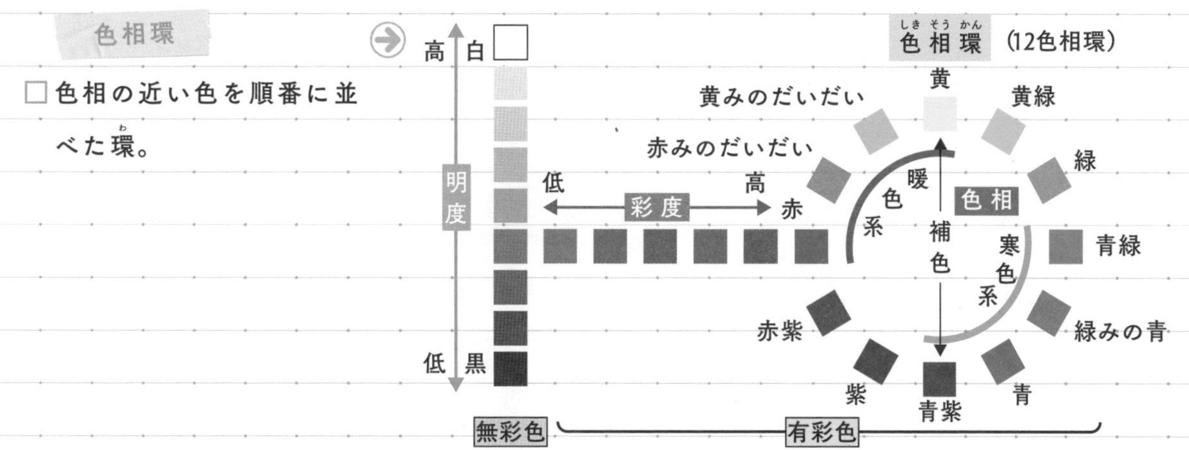

□ 15 ＿＿＿＿＿：色相環で向かい合う位置にある二つの色の関係。互いの色を引き立たせる効果がある。

□ 16 ＿＿＿＿＿系：赤や黄色などの暖かい感じのする色のこと。

□ 17 ＿＿＿＿＿系：青や青緑などの寒い感じのする色のこと。

□ 18 ＿＿＿＿＿：明度はあるが，色相や彩度がない色。白・黒・灰色。

□ 19 ＿＿＿＿＿：明度，彩度，色相をもつ色。白・黒・灰色以外の色みのある色。

補色の例
（ピクスタ）

色の対比と配色

□同じ色でも，となり合う色によって異なって見えることがある。これを色の対比という。

20 ＿＿＿＿＿対比

背景の色相の違いによって，色が異なって見える。

21 ＿＿＿＿＿対比

背景の色が明るいと暗く，暗いと明るく見える。

22 ＿＿＿＿＿対比

背景の彩度が高いと鈍く，低いと鮮やかに見える。

□二つ以上の色を組み合わせることを 23 ＿＿＿＿＿という。

色相による配色

同一の色相

統一感が出やすく，まとまりがある。

類似の色相

色味に共通性があり，落ち着いた印象。

補色の色相

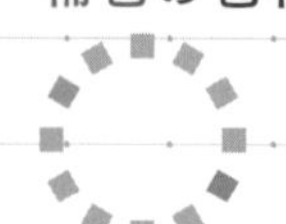

互いの色を引き立たせ，強く刺激的な印象。

トーンによる配色…「トーン」とは色の調子のこと。

ペールトーン（淡い）

高明度・低彩度の色どうし。明るく軽い印象。

ダークトーン（暗い）

低明度・低彩度の色どうし。落ち着いた印象。

ビビッドトーン（鮮やか）

最も彩度が高い色どうし。派手で強い印象。

THEME 版画・木工

まだまだ　もう少し　ばっちり

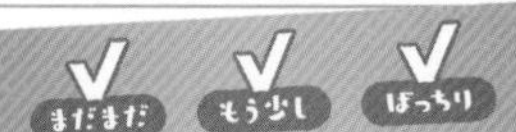

版画の種類

☐ 版画の特徴：一つの版で同じ作品が何枚もつくれる。

版の種類	特徴	例
01 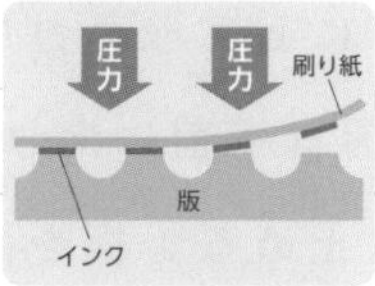	版の凸部（出っ張った部分）にインクをつけて，それを刷り取る。	木版画，紙版画，コラグラフ 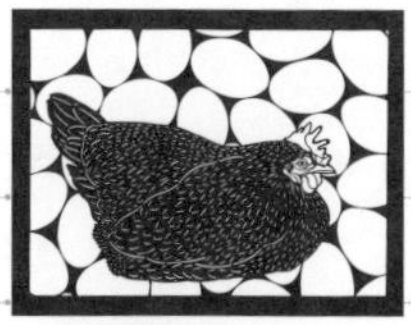 (JAPACK/ユニフォトプレス) ▲木版画
02 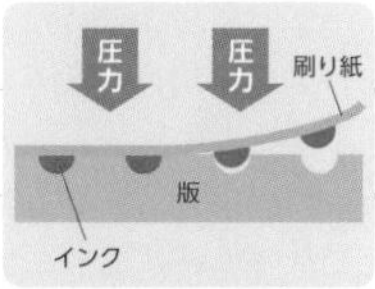	版の凹部（くぼんだ部分）にインクをつめ，凹部以外の不要なインクをふき取り，プレス機などで刷る。	エッチング，メゾチント，ドライポイント 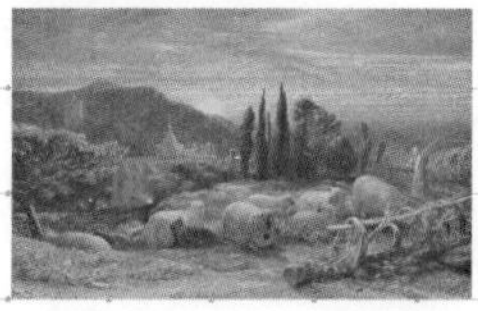 (ユニフォトプレス) ▲エッチング
03 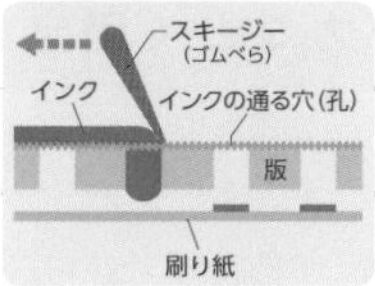 ※孔は穴のこと。	版にインクの通り抜ける穴をつくり，上から刷り込む。	シルクスクリーン，ステンシル　左右が反転しないのはこれだけ。 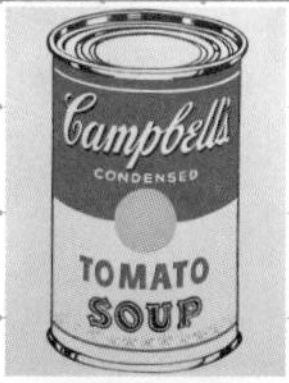 (ユニフォトプレス) シルクスクリーン▶
04 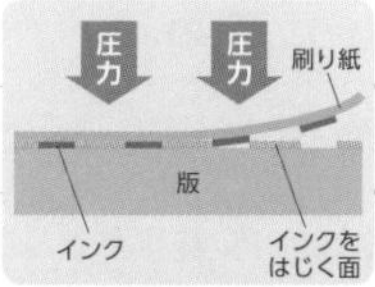	版の平らな面にインクのつく面とつかない面をつくり，刷り取る。	リトグラフ　水と油が反発し合う性質を利用している。 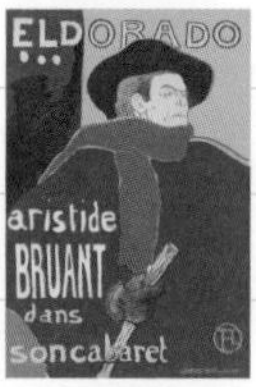 (ユニフォトプレス) ▲リトグラフ

木版画

☐ 木版画は，木の板を 05 ＿＿＿＿ で彫って版をつくる技法。

☐ 彫刻刀の種類

06 ＿＿＿＿

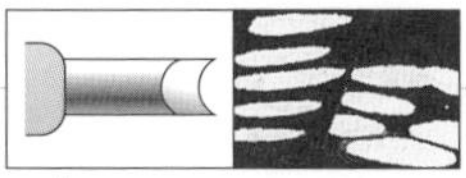

やわらかい線が彫れる。

07 ＿＿＿＿

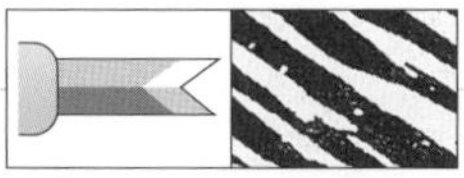

鋭く細い線が彫れる。

08 ＿＿＿＿

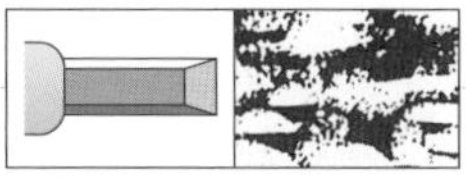

ぼかし，広い部分の彫り下げができる。

09 ＿＿＿＿

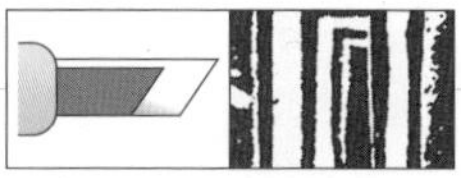

輪郭線や鋭い線が彫れる。

THEME 版画・木工

木工の技法

□木を加工するときの基本的な技法には，「切る」，「削る」，「彫る」がある。

□ 切る

10

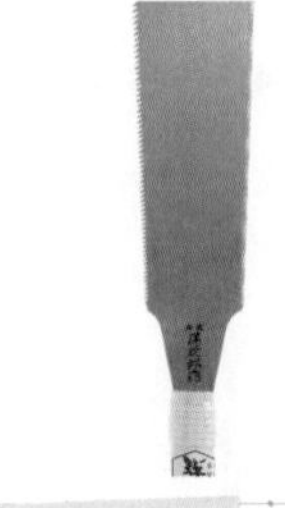

木目に沿って切るときは縦引きの刃を，木目に対して直角に切るときは横引きの刃を使う。

11

刃を下向きにして取り付ける。また，刃は手前に向け，下から先に止める。板を両手で押さえ，ゆっくり押しながら切る。

刃をかえるときは，必ず電源プラグを抜く。

□ 削る

12

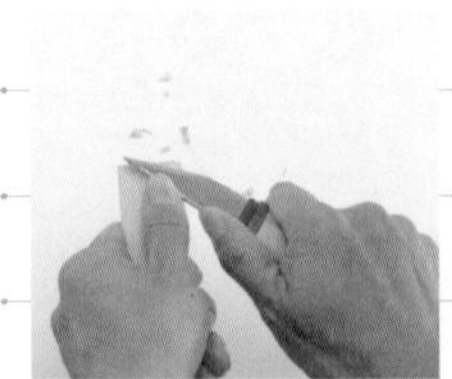

親指で背を押し出すようにして削る。

13

削るときは木材が動かないように，万力などで固定するとよい。

（ユニフォトプレス）

14

目の 15 ほうから使い，じょじょに目の 16 ものを使うようにすると，表面が滑らかになる。また，平らな面や曲面を磨くときは，木片などに巻いて使うとよい。

彫る

□模様などを彫るときには，彫刻刀を使う。

彫刻刀はきき手でしっかり持つこと。刃の進む方向に手を置かないように注意。

□木には木目があり，木目の流れる方向を順目，木目とは逆の方向を逆目という。

17

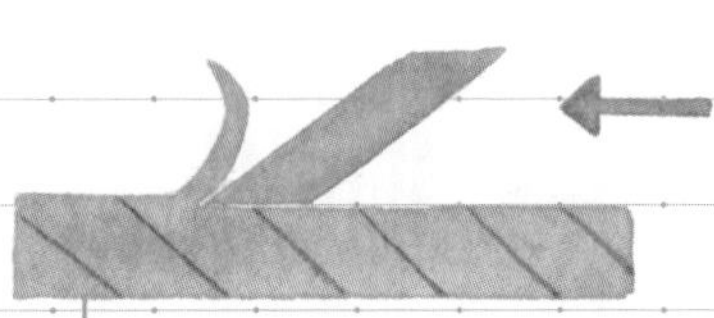

18

THEME **焼き物・金属の加工**

焼き物

□焼き物：粘土を使って形をつくり，焼成したもの。

└ 原料を高熱で焼き，性質を変化させること。

焼き物づくりの工程

□焼き物はおおまかに次のような工程で制作する。

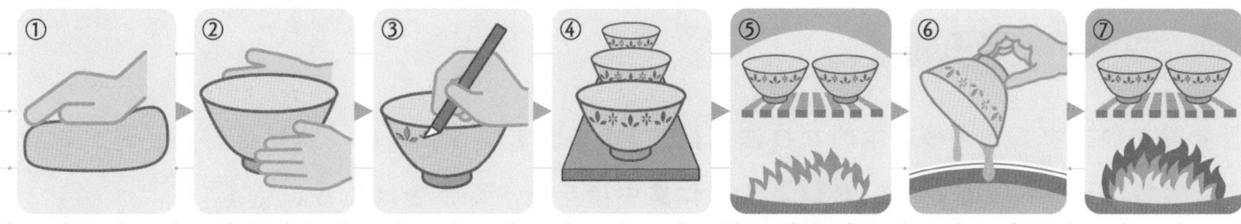

①土練り…粘土の内部の 01 ＿＿＿ を抜いて，02 ＿＿＿ を均一にする。

②成　形…形をつくる。粘土の 03 ＿＿＿ を均一にする。

□ 04 ＿＿＿

丸い粘土のかたまりから，手と指で伸ばしていく成形技法。

□ 05 ＿＿＿

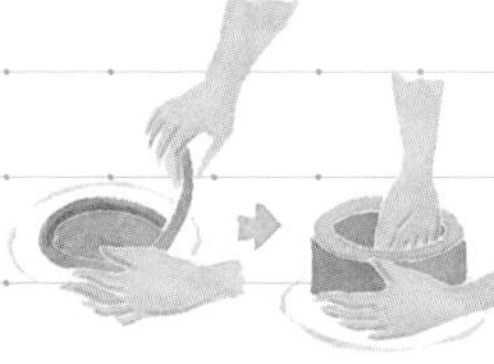

ひも状にした粘土を積み上げる成形技法。

□ 06 ＿＿＿

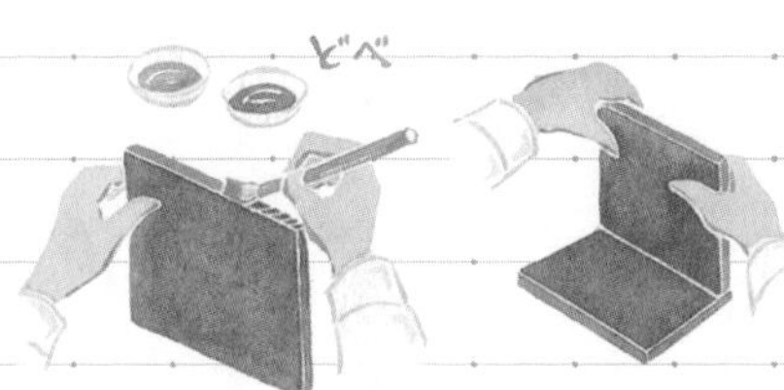

板状に切った粘土を貼り合わせる成形技法。粘土と粘土を貼り合わせるときは，どべを使う。

「どべ」とは，作品と同じ粘土を 07 ＿＿＿ で溶いたもの。接着剤の働きをする。

③加　飾…成形した作品に，模様や装飾を加える。

④乾　燥…風のない室内の 08 ＿＿＿ でゆっくり乾燥させる。

しっかり乾燥させないと、ひび割れの原因になる。

⑤素焼き…700 ℃から 900 ℃程度で焼く。

⑥施　釉…強度を高め，色などをつけるために 09 ＿＿＿ をかける。

⑦焼成（本焼き）…1200 ℃から 1300 ℃程度で焼く。

THEME 焼き物・金属の加工

□ 焼き物に使う主な道具

ろくろ
(Cynet Photo)

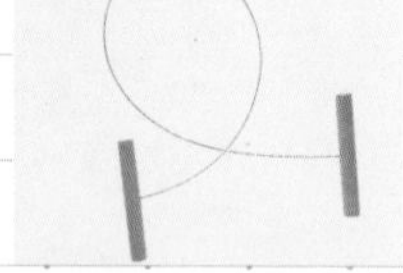
切り糸

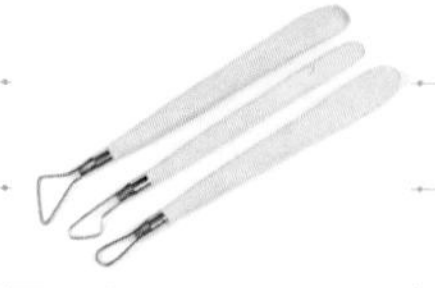
かきべら
(ユニフォトプレス)

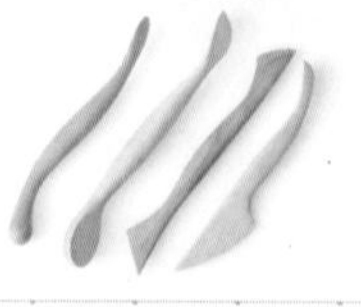
つげべら（へら）
(ユニフォトプレス)

たたら板

金属の加工技法

□金属を加工するときの基本的な技法には，「打ち出す」，「切る」，「曲げる」などがある。

□金属板の切り口でけがをしないよう，作業中は手袋・軍手をはめる。

打ち出す

□打ち出すときの道具には，いもづちやたがねなどがある。

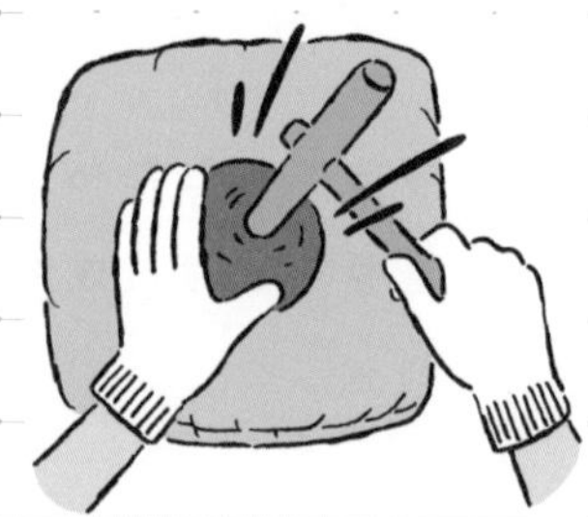

砂袋などの上に置いて，いもづちでたたく。

たがねを使ってつちで打ち，表面に模様をつける。

切る

□ 10 ________：まっすぐに切るとき。

□ 11 ________：曲線を切るとき。

□ 12 ________：穴をあけるとき。

金切りばさみの種類

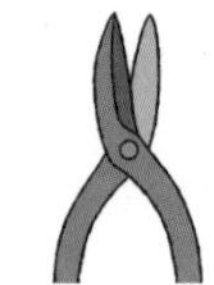
直刃※

柳刃

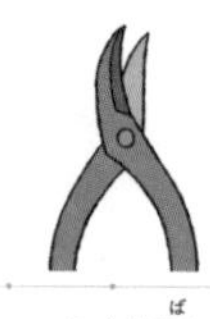
えぐり刃

※「すぐば」「ちょくば」とも読む。

□ 曲げる

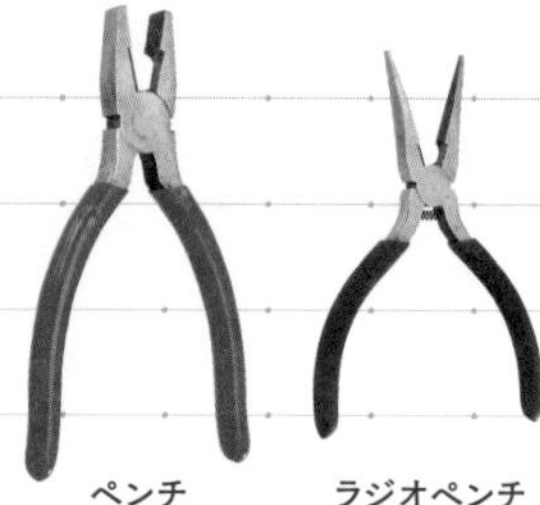

針金を曲げたり，切ったりするときには，ペンチやラジオペンチを使う。

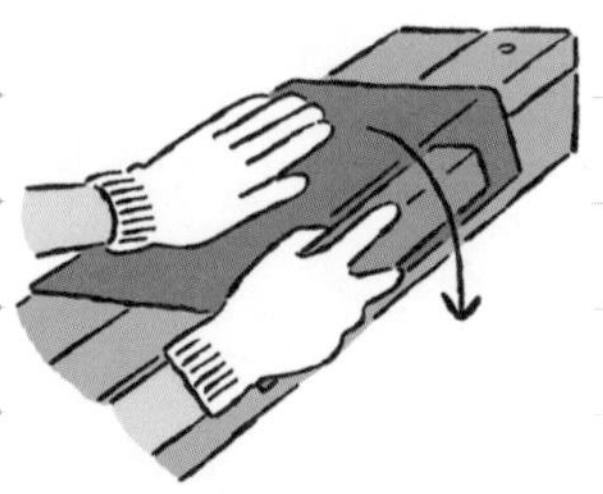

金属板を曲げるときは，13 ________ や金床に押し当てて，打ち木で打つ。

THEME 水墨画・絵巻物・漫画の表現

まだまだ　もう少し　ばっちり

水墨画の技法

□墨の濃淡だけで描くのが01＿＿＿＿＿。かすれやぼかし，にじみなどの効果を使って表現する。

技法	特徴	技法	特徴
破墨法	先に描いた墨が乾かないうちに，02＿＿＿＿の違う墨を重ねて描く技法。立体感などを出す。	積墨法	乾いた墨の上から墨を04＿＿＿＿描く技法。重厚感などを出す。
没骨法	03＿＿＿＿を描かずに，墨の濃淡で表す技法。没骨の一種で，ひと筆で濃淡をつけて描く描き方を付け立てという。	渇墨法	05＿＿＿＿筆に濃い墨をつけて，筆先をくずしたり筆の勢いを生かしたりして，かすれを出すときに使う技法。

□水墨画の表現

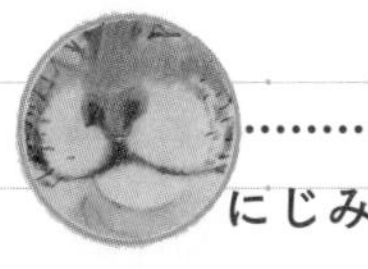

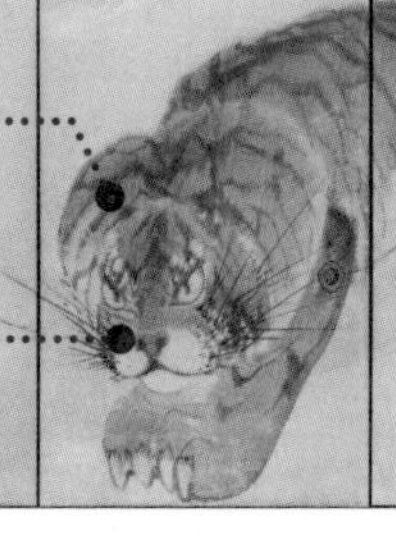

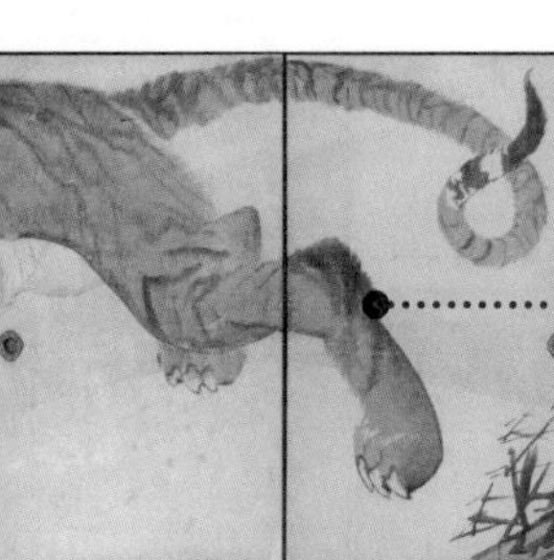

かすれ

にじみ

ぼかし

◀虎図襖（長沢芦雪）

（和歌山県串本町無量寺）

絵巻物

□紙や絹でできた横長の巻物に，物語の内容を文章と絵を交互に並べて表したもの。擬人化した動物を風刺をきかせて描いた06＿＿＿＿＿＿＿などがある。

□絵巻物の鑑賞のしかた

物語は07＿＿＿＿から08＿＿＿＿に展開する。

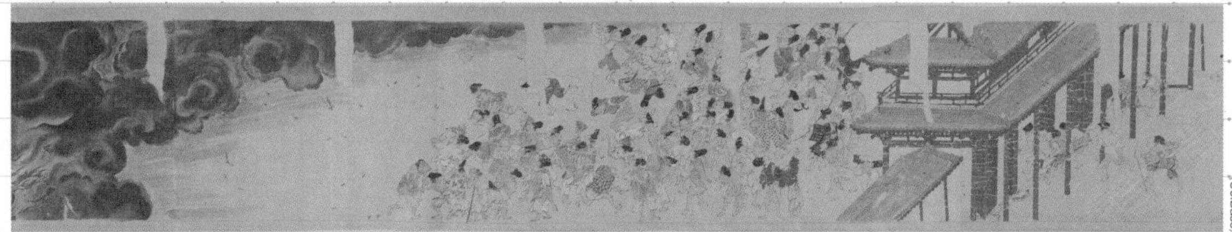

(ColBase)

▲伴大納言絵巻（模本）上巻

THEME 水墨画・絵巻物・漫画の表現

絵巻物と漫画に共通する表現方法

□絵巻物の表現方法には，現代の 09 ＿＿＿＿ や アニメーションに共通するものもある。

子どものけんか（右上）と，そのけんかに父親が割って入っているところ（下）が同じ画面に描かれている。

声の響きの表現

▲鳥獣人物戯画 甲巻（部分）（栂尾山高山寺）

声の響きを口から伸びた線で描いて表現。

スピード・残像の表現

▲石山寺縁起絵巻 第二巻（部分）（石山寺）

残像を線で描き，なぎなたの動きやスピード感を表現。

異時同図の表現

▲伴大納言絵巻 中巻（部分）（出光美術館）

同一画面内に同一人物を何度も登場させて，時間の流れを表現。

漫画の表現の工夫

□漫画では，登場人物の気持ちを伝えたり，印象的な場面にしたりするためにさまざまな表現方法が使われている。

□漫画特有の表現の工夫には，コマ割りや構図，効果音などの文字の書き方，効果線の描き方などがある。

10 ＿＿＿＿：

ページをコマで分割し，物語を進める。コマの大きさや形を変えたり，配置に変化をつけたりするなどの工夫がある。

11 ＿＿＿＿：

オノマトペ（擬声語［擬音語］・擬態語）を手描きし，臨場感や勢いなどを表現。

12 ＿＿＿＿：

スピード感や動きを表現。

THEME

ポスター・レタリング・いろいろなデザイン

まだまだ　もう少し　ばっちり

ポスター

□伝える内容を明確にすることと，見てわかりやすい表現を工夫することが大切。

① 01＿＿＿＿＿＿（主題）の決定。

② アイデアの構想。…メッセージや情報を印象深く伝えるデザインを考え，構想を練る。

③ デザインの決定。…絵柄（えがら）や，メッセージを効果的に伝える 02＿＿＿＿＿＿を考える。絵と文字のバランスや配色を考え，03＿＿＿＿＿＿（構成）する。

文字のデザイン

□永字八法（えいじはっぽう）：04＿＿＿＿＿＿の字には，レタリングの基本的な8種類の技法が全部含まれている。

□書体の種類

05＿＿＿＿＿＿

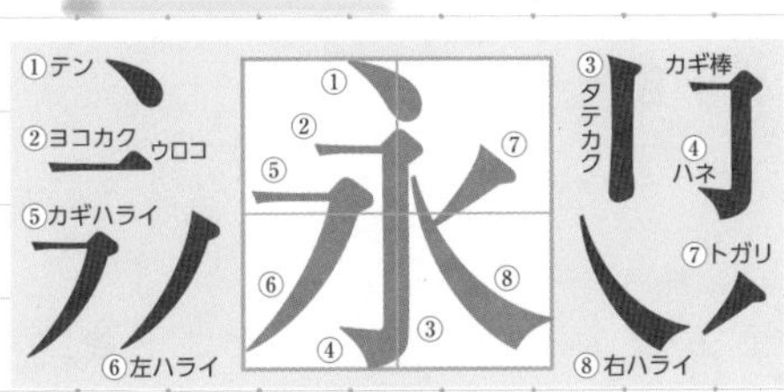

横の線が細く，縦の線が太い。横の線の右端や角に 07＿＿＿＿＿＿をつける。

06＿＿＿＿＿＿

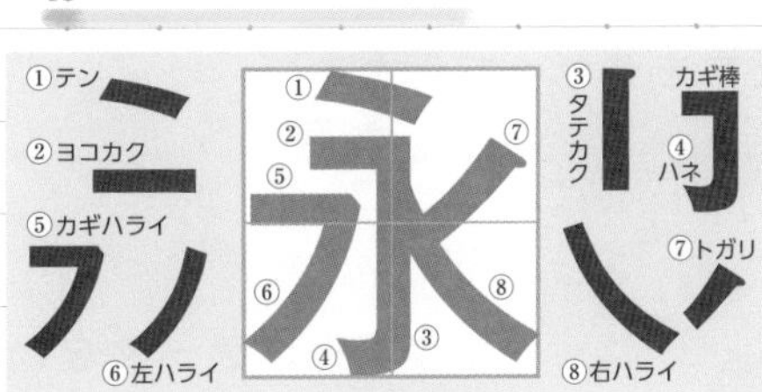

縦横の線の太さがほぼ 08＿＿＿＿＿＿。

教科書体	気持ちを伝える	ローマン体	ABCD　１２３
丸ゴシック体	気持ちを伝える	サンセリフ体	ABCD　１２３

書体の種類はいろいろあり，新しいものもどんどん増えている。

□レタリングの手順

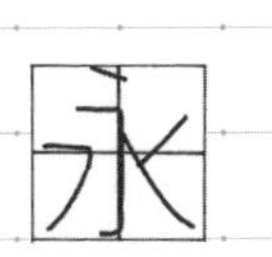

1.骨組みを書く。

明朝体（みんちょうたい）

→

→

2.肉づけをする。　3.輪郭線（りんかくせん）を引き，墨（すみ）入れをする。　4.塗（ぬ）り込みをする。

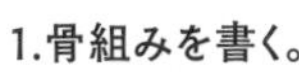

ゴシック体

→

→

THEME ポスター・レタリング・いろいろなデザイン

ピクトグラム

□言葉や文字がわからなくても，見ただけで情報を伝えることができる絵文字のことを 09 ＿＿＿＿＿＿＿＿ という。

公共施設の案内板や交通標識などでも使われている。わかりやすく伝えることが大切。

シンボルマーク

□ 10 ＿＿＿＿＿＿＿＿ ：イベントや大会などの，メッセージやイメージをわかりやすく伝えるために，形や色でデザインしたもの。

□ロゴタイプ：デザイン化された文字のこと。

□ 11 ＿＿＿＿＿＿＿＿ ：ロゴタイプとシンボルマークを組み合わせたもの。

□ 発想のしかた

① 表現したい内容をスケッチにおこす。

② イメージを単純化する。

③ 文字をデザイン化する。

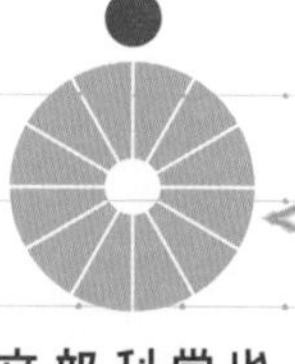

「羅針盤（らしんばん）」をイメージしたマークと省の名前を組み合わせている。

発想・構想を広げる方法

□ 12 ＿＿＿＿＿＿＿＿

紙の中央にテーマを書き，そこから連想する言葉やイメージを書いてつないでいく方法。

□ 13 ＿＿＿＿＿＿＿＿

思いついたことを，絵に描（えが）いたり，言葉で表したりする方法。

□人に相談したり，話し合うことも発想・構想を広げたり深めたりするのに役立つ。

安全で使いやすいデザイン

□日用品や設備のデザインでは，性別や年齢，障がいの有無にかかわらず，だれもが使いやすいような工夫をすることが大切。

(Cynet Photo)

▲手が滑りにくい波型の手すり

THEME 写真・映像の表現

写真による表現

□コンパクトデジタルカメラ，デジタル一眼レフカメラ，タブレット PC などがある。

□撮影（さつえい）するときの角度，01 ＿＿＿＿の向き，テーマに合った 02 ＿＿＿＿を工夫することが大切。

□シャッターを切るスピードが 03 ＿＿＿＿と動いているものが止まっているように写り，04 ＿＿＿＿とぶれて写る。

□光の向き

順光（じゅんこう）

被写体（ひしゃたい）に，05 ＿＿＿＿から光が当たっている。形や色がはっきりする。

逆光（ぎゃっこう）

被写体に，06 ＿＿＿＿から光が当たっている。やわらかい雰囲気（ふんいき）が出るが，被写体が暗くなりがち。

サイド光

被写体に，07 ＿＿＿＿から光が当たっている。陰（かげ）が強く出やすく，明暗がはっきりする。

□いろいろな構図

→ 08 ＿＿＿＿構図

画面を三分割した構図。

09 ＿＿＿＿構図

画面の中央に被写体を置く構図。

S 字構図

S 字の形に被写体を置く構図。

斜め構図

画面の斜めに被写体を置く構図。

（4点ともピクスタ）

□レンズの種類

焦点距離（しょうてんきょり）によって，広角（こうかく），標準，望遠がある。同じ位置から撮影しても，レンズを変えることで写る範囲や遠近感が異なる。

10 ＿＿＿＿

広い範囲を写すことができる。遠近感が強調される。

11 ＿＿＿＿

人間の視野（しや）に近い範囲，遠近感で写すことができる。

12 ＿＿＿＿

遠くのものを大きく写すことができる。

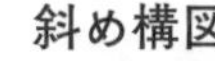

映像による表現

□映像作品を制作するときは，コマ割りや構図などを工夫することが大切。

□ 制作手順

① 13 ＿＿＿＿

テーマ(主題)，全体の構成，登場人物，撮影場所，役割分担を決める。
内容が決まったら，台本や絵コンテを作成する。

② 14 ＿＿＿＿

撮影する場所を探す。機材を用意し，台本に沿って，場面ごとに撮影する。

③ 15 ＿＿＿＿

コンピュータで編集する。動画編集ソフトウェアを使用する。

絵コンテとは，全体の流れがわかるようにした指示書。絵の横に，登場人物の 16 ＿＿＿＿ や動きなどの細かい指示を書いておく。

(ピクスタ)

撮影するときの注意点

□映像がぶれないようにするには，カメラを 17 ＿＿＿＿ で固定するとよい。

□タブレットPCは両手で持ち，脇を締めてカメラを固定する。ひざをつくと安定しやすい。

□ 18 ＿＿＿＿ ：つくった人の権利を保護するため，ほかの人が撮影した写真・映像を無断で使用することはできない。

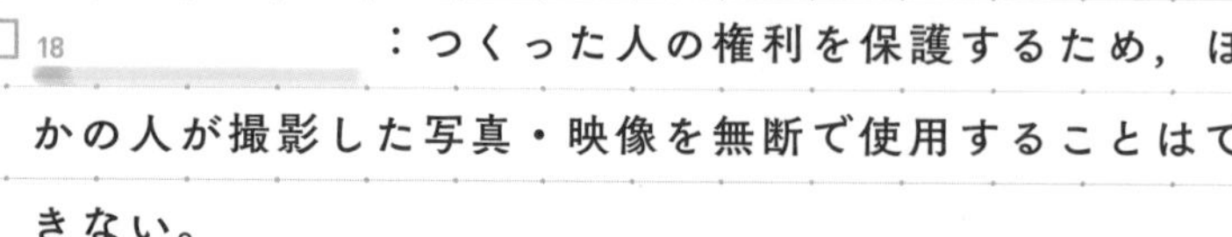

□ 19 ＿＿＿＿ ：プライバシーを守る権利を保護するため，ほかの人の顔を無断で撮影したり，公開したりすることはできない。プライバシーの侵害になる。

撮影禁止の場所もある。ルールを守って撮影することが大事。

THEME **日本の美術史**

縄文～鎌倉時代の美術

縄文時代

□ 01 ＿＿＿＿＿＿：女性などをかたどった土製品。

□ 02 ＿＿＿＿＿＿：厚手で縄目の文様がある。

▲土偶（縄文のビーナス）（茅野市尖石縄文考古館）

▲火焔型土器…縄文土器のひとつ（津南町教育委員会）

弥生時代

□ 03 ＿＿＿＿＿＿：薄手でかたく，装飾が少ない。

□ 銅鐸：釣り鐘型の青銅器。

古墳時代

□ 埴輪：古墳のくずれ止めや飾りとして置かれた焼き物。

飛鳥時代

□ 仏教が伝来し，04 ＿＿＿＿＿＿ がつくられるようになる。例 釈迦三尊像

➔ 仏像の種類…大きく次の4種類に分けられる。

如来

▲阿弥陀如来坐像（平等院鳳凰堂）

悟りを開いた姿。

菩薩

▲聖観世音菩薩立像（薬師寺東院堂）

悟りを開くために修行している姿。

明王

（東寺）

▲不動明王坐像（教王護国寺講堂）

仏の教えを人々に伝え，悪をこらしめる。

天部

▲増長天立像（東大寺戒壇堂）

仏教を守る神様。

□ 高松塚古墳：西壁女子群像など，彩色された壁画が残されている。

奈良時代

□ 工芸：大陸から伝えられた宝物が正倉院に収められている。例 平螺鈿背八角鏡

□ 彫刻：3つの顔，6本の腕がある 05 ＿＿＿＿＿＿（興福寺。右の写真）

（興福寺）

平安時代

□ 絵画：絵巻物が多くつくられた。例 源氏物語絵巻

動物を擬人化した 06 ＿＿＿＿＿＿ などもある。

鎌倉時代

□ 彫刻：運慶・快慶らによる東大寺南大門の 07 ＿＿＿＿＿＿

THEME 日本の美術史

室町～現代の美術

▲破墨山水図（雪舟等楊）

室町時代

□絵画：雪舟らによって 08 ＿＿＿＿ が大成する。

□建築：鹿苑寺（09 ＿＿＿＿），慈照寺（10 ＿＿＿＿）

江戸時代

□ 11 ＿＿＿＿ ：庶民的な風俗画が流行。

役者絵

（ColBase）
▲三世大谷鬼次の奴江戸兵衛

作者：12 ＿＿＿＿

風景画

（ColBase）
▲冨嶽三十六景 神奈川沖浪裏

作者：13 ＿＿＿＿

美人画

（ColBase）
▲見返り美人図

作者：14 ＿＿＿＿

浮世絵は，ゴッホ（p.64）など，西洋の画家たちに影響を与えた。

□絵画：尾形光琳ら琳派や，写生を生かした円山応挙などが活躍。

例「紅白梅図屏風」（尾形光琳），「不忍池図」（小田野直武），「牡丹孔雀図」（円山応挙）

明治～大正時代

□洋画：油絵の技法の研究が進み，洋画が多く描かれる。

例「湖畔」（15 ＿＿＿＿），「鮭」（高橋由一）

□日本画：岡倉天心らにより日本美術が再評価される。

例「群青富士」（横山大観）

（東京国立博物館蔵／東京文化財研究所）
▲湖畔

昭和時代～現代

□表現が多様化し，さまざまな作品がつくられている。

絵画：「海」（古賀春江），「道」（東山魁夷）

建造物：「太陽の塔」（16 ＿＿＿＿）

◀太陽の塔

□ 17 ＿＿＿＿ ：公園や広場など，美術館やギャラリー以外の場所に設置されている美術作品。

THEME

世界の美術史

原始～バロック・ロココの美術

狩りがうまくいくことを願って描いたものといわれる。

原始時代

□洞窟壁画：01 ＿＿＿＿＿＿ 洞窟の壁画（フランス。右の写真）

メソポタミア・エーゲ海・エジプト

□建造物：ストーンヘンジ（イギリス），02 ＿＿＿＿＿＿（エジプト）
　└王の墓

□彫刻：ネフェルティティ像（エジプト）

ギリシャ・ローマ

　└コロッセオとも。

□建造物：パルテノン神殿（ギリシャ），コロッセウム（イタリア）

□彫刻：アフロディーテ（通称：03 ＿＿＿＿＿＿）（ギリシャ。右の写真）

（ユニフォトプレス）

中世ヨーロッパ

　└美しき絵ガラスの聖母（ステンドグラス）がある。

□建造物：ピサ大聖堂（イタリア），シャルトル大聖堂（フランス）

□モザイク画：「キリストの変容」（イタリア），「皇妃テオドラと従者たち」（イタリア）
　└ガラスや貝殻などをしきつめた絵。教会の壁画などに使われた。

ルネサンス

□イタリアを中心に起こった芸術活動。「再生・復活」という意味。三大巨匠が活躍。

レオナルド・ダ・ヴィンチ　ミケランジェロ　ラファエロ

（Erich Lessing／PPS通信社）

04 ＿＿＿＿＿＿
　└「最後の晩餐」なども。

（ユニフォトプレス）

05 ＿＿＿＿＿＿ 像
　└「最後の審判」「ピエタ」なども。

（ユニフォトプレス）

06 ＿＿＿＿＿＿
　└「美しき女庭師」なども。

□初期のルネサンスでは，ボッティチェリが活躍。

07 ＿＿＿＿＿＿（右の写真）
　└「春（ラ・プリマヴェーラ）」なども。

（ユニフォトプレス）

バロック・ロココ

□絵画：「真珠の耳飾りの少女」（フェルメール），
「夜警」（レンブラント），「ラス・メニーナス（侍女たち）」（ベラスケス）

近代～現代の美術

近代

□ロマン主義：個人の感情や主観を重視した表現。

例「民衆を導く自由の女神」(ドラクロワ),「落穂拾い」(ミレー)

▲民衆を導く自由の女神
(ユニフォトプレス)

□ 08 ＿＿＿＿＿＿：自然の光を，色彩や描き方を工夫して表現。

例「睡蓮」（09 ＿＿＿＿＿＿），「エトワール」（ドガ），「草上の昼食」（マネ），「ムーラン・ド・ラ・ギャレットの舞踏会」（ルノワール）

□後期印象派（ポスト印象派）：印象派よりも個性的な表現。

例「タンギー爺さん」（10 ＿＿＿＿＿＿），「アレアレア」（ゴーギャン），「叫び」（ムンク）

背景に浮世絵が描かれている。日本の美術がヨーロッパの芸術家たちに大きな影響を与えた。これを 11 ＿＿＿＿＿＿ という。

▲タンギー爺さん
(Bridgeman Images／PPS通信社)

現代

□キュビスム：人物や静物などをさまざまな角度(複数の視点)からとらえて分解し，一つの画面に統合(再構成)する手法。例「アヴィニョンの娘たち」(12 ＿＿＿＿＿＿)

スペインのゲルニカという町で，戦争により多くの市民が犠牲になったことを知ったピカソは，戦争反対を訴えた 13 ＿＿＿＿＿＿（右の作品）を描いた。

作家名：PABLO PICASSO
作品名："Guernica" 1937, Oil on canvas,349.3 × 776.6cm, Museo Nacional Centro de Arte Reina Sofia
(Cynet Photo)

□シュルレアリスム：夢や空想，無意識の世界を表現。例「記憶の固執」（ダリ）

□抽象表現主義：非幾何学的な抽象画。明確なテーマや具体的なモチーフをもたないことが多い。例「コンポジションⅦ」（カンディンスキー）

□ポップアート：大量生産・大量消費社会を主題として表現。

例「マリリン・モンロー」（ウォーホル），「ヘア・リボンの少女」（リキテンスタイン）

▶マリリン・モンロー
(ユニフォトプレス)

美術の解答

P.45 いろいろな描画材

01 薄く 02 濃く 03 暗く 04 明るく 05 立てて 06 寝かせて 07 指 08 筆 09 水

10 平筆 11 丸筆 12 明るい色 13 暗い色 14 混色 15 重色

［ポイント］ 水彩絵の具（特に透明水彩絵の具）は，乾いてから別の色を重ねるとその部分の色が混ざり合って見えるが，アクリル絵の具は乾くと色を重ねても下の色と混ざらない。

P.47 遠近法・さまざまな技法

01 遠近法 02 一点透視図法 03 消失点 04 二点透視図法 05 三点透視図法 06 濃く

07 淡く 08 小さく 09 大きく 10 スパッタリング 11 マーブリング（墨流し）

12 デカルコマニー（合わせ絵） 13 フロッタージュ（こすり出し） 14 ドリッピング

15 コラージュ 16 ストリング（糸引き，糸引き絵）

［ポイント］ 遠近法には，線遠近法（透視図法），空気遠近法のほか，近くにあるものを大きく，遠くにあるものを小さく描く方法などもある。

P.49 三原色・色の三属性

01 三原色 02 色料 03 色光 04 赤紫（マゼンタ） 05 黄（イエロー）

06 緑みの青（シアン） 07 赤（黄みの赤，レッド） 08 青紫（紫みの青，ブルー） 09 緑（グリーン）

10 減法混色 11 加法混色 12 三属性（三要素） 13 明るさ 14 鮮やかさ 15 補色

16 暖色 17 寒色 18 無彩色 19 有彩色 20 色相 21 明度 22 彩度 23 配色

［ポイント］ 三原色は，色料と色光で色が異なる。色料は混ぜる色数が増えるほど黒に，色光は色を重ねるほど白に近づく。

P.51 版画・木工

01 凸版 02 凹版 03 孔版 04 平版 05 彫刻刀 06 丸刀 07 三角刀 08 平刀

09 切り出し刀（切り出し） 10 両刃のこぎり 11 電動糸のこ盤（電動糸のこぎり）

12 小刀 13 木工やすり 14 紙やすり 15 あらい 16 細かい 17 順目 18 逆目

［ポイント］ 版画で版をつくるとき，孔版以外は左右逆の仕上がりを想定して版をつくる。

P.53 焼き物・金属の加工

01 空気 02 密度 03 厚み 04 たまづくり（手びねり） 05 ひもづくり 06 板づくり 07 水

08 日陰 09 釉薬 10 直刃 11 柳刃 12 えぐり刃 13 折り台

［ポイント］ 釉薬はガラス質の素材で，焼き物に色をつけたり，強度を高めたりする役割をする。

No.

Date

美術の解答

P.55 水墨画・絵巻物・漫画の表現

01 水墨画　02 濃さ（濃淡）　03 輪郭　04 重ねて　05 乾いた　06 鳥獣人物戯画　07 右　08 左　09 漫画

10 コマ割り　11 効果音　12 効果線

［ポイント］「鳥獣人物戯画」のほか，葛飾北斎が描いた「北斎漫画」も漫画の原型といわれる。

P.57 ポスター・レタリング・いろいろなデザイン

01 テーマ　02 キャッチコピー（コピー）　03 レイアウト　04 永　05 明朝体

06 ゴシック体　07 ウロコ　08 同じ　09 ピクトグラム　10 シンボルマーク　11 ロゴマーク

12 マッピング　13 アイデアスケッチ

［ポイント］ レイアウトとは絵や文字をバランスよく配置すること。

P.59 写真・映像の表現

01 光　02 構図　03 速い　04 遅い　05 正面　06 背後（後ろ）　07 横　08 三分割　09 日の丸　10 広角

11 標準　12 望遠　13 企画　14 撮影　15 編集　16 セリフ　17 三脚　18 著作権　19 肖像権

［ポイント］ 撮影するときは，手ぶれしないように，脇を締めてカメラを固定することが大切。また，指で直接レンズをさわらないように注意する。

P.61 日本の美術史

01 土偶　02 縄文土器　03 弥生土器　04 仏像　05 阿修羅像　06 鳥獣人物戯画

07 金剛力士(立)像　08 水墨画　09 金閣　10 銀閣　11 浮世絵　12 東洲斎写楽

13 葛飾北斎　14 菱川師宣　15 黒田清輝　16 岡本太郎　17 パブリックアート

［ポイント］ 浮世絵の作者には，「当時三美人 富本豊ひな 難波屋きた 高しまひさ」の喜多川歌磨や，歌川国芳，鈴木春信などもいる。

P.63 世界の美術史

01 ラスコー　02 ピラミッド　03 ミロのヴィーナス　04 モナ・リザ　05 ダヴィデ

06 小椅子の聖母　07 ヴィーナスの誕生　08 印象派　09 モネ　10 ゴッホ

11 ジャポニスム　12 ピカソ　13 ゲルニカ

［ポイント］ ジャポニスムの作品にはほかに，クロード・モネの絵画「ラ・ジャポネーズ」「睡蓮の池」や，エミール・ガレのガラス作品「鯉文花器」などがある。

THE
LOOSE-LEAF
STUDY GUIDE
実技
FOR JHS STUDENTS

中学
実技

保健体育

HEALTH AND
PHYSICAL EDUCATION

A LOOSE-LEAF COLLECTION
FOR A COMPLETE REVIEW
OF THE SKILL-FOCUSED SUBJECT AREAS
GAKKEN PLUS

学習内容

体育		学習日	テスト日程
1	体つくり運動		
2	マット運動		
3	鉄棒運動・平均台運動		
4	跳び箱運動		
5	短距離走・リレー		
6	長距離走・ハードル走		
7	走り幅跳び／走り高跳び		
8	水泳		
9	バスケットボール／ハンドボール		
10	サッカー／バレーボール		
11	卓球／ソフトテニス		
12	バドミントン／ソフトボール		
13	柔道・剣道／相撲・ダンス		
14	体育理論		
15	体育理論／さまざまなスポーツ		

保健		学習日	テスト日程
16	健康的な生活		
17	生活習慣病の予防／がんの予防		
18	喫煙・飲酒・薬物乱用と健康		
19	感染症の予防		
20	体の発育・発達		
21	心の発育・発達		
22	傷害の防止		
23	健康と環境		

TO DO LIST

やることをリストにしよう！ 重要度を☆で示し，できたら□に印をつけよう。

□☆☆☆　　□☆☆☆
□☆☆☆　　□☆☆☆
□☆☆☆　　□☆☆☆
□☆☆☆　　□☆☆☆

Date

THEME 体育 **体つくり運動**

体ほぐしの運動

□リズミカルな運動などの手軽な運動を行い，体を動かすことの楽しさや心地よさを味わうことで，心と体の関係や，心身の状態に気付き，仲間と積極的に関わり合う。

体の動きを高める運動

体の柔(やわ)らかさを高める運動

□関節を曲げたり，伸(の)ばしたり，回したり，ひねったりして01 ＿＿＿＿や腱(けん)を伸ばすことで，02 ＿＿＿＿性を高めることができる。

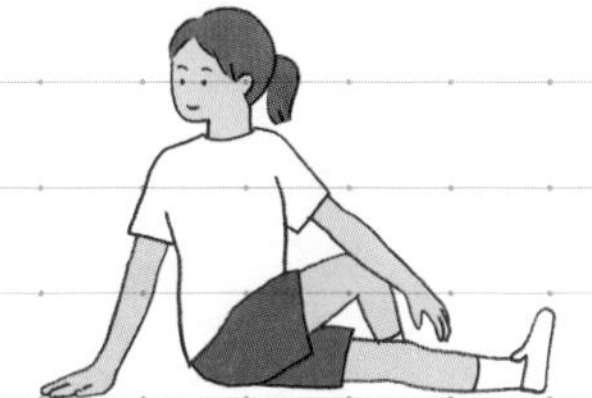

巧(たく)みな動きを高める運動

□「歩く・03 ＿＿＿＿・跳(と)ぶ・弾(はず)む・振(ふ)る」などの基本的な動きを変化させたり，組み合わせたりすることで，リズミカルにタイミングよく動いたり，力を調整してすばやく動いたりする能力を高めることができる。

力強い動きを高める運動

□自分の体重や，人や物などの重さで04 ＿＿＿＿を加えることで，日常生活や各種スポーツなどに必要な，力強い動きを高めることができる。

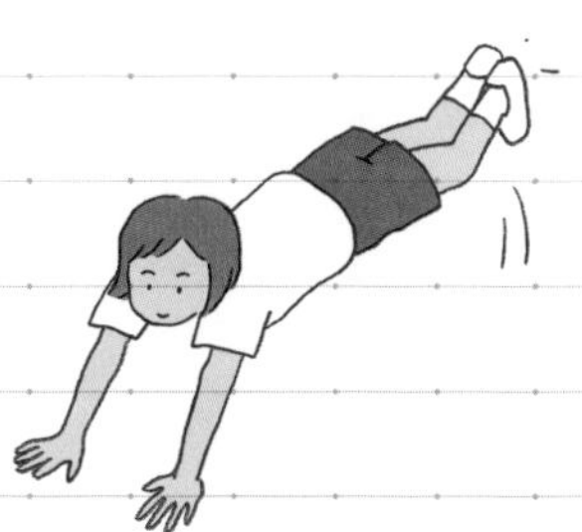

動きを持続する能力を高める運動

□酸素を体内に取り入れながら，運動を一定の05 ＿＿＿＿続けたり，一定の回数を反復して行ったりすることによって06 ＿＿＿＿機能を高め，動きを持続する能力を向上させることができる。

THEME 体育 マット運動

まだまだ もう少し ばっちり

分類

□マット運動には，回転しながら行う 01 ＿＿＿＿ 系と，倒立したりバランスをとったりする 02 ＿＿＿＿ 系がある。

おもな技

前転グループ（回転系）

□ 03 ＿＿＿＿

□前転グループにはほかにも，倒立前転，伸膝前転などの技がある。

後転グループ（回転系）

□ 04 ＿＿＿＿

□後転グループにはほかにも，伸膝後転，後転倒立などの技がある。

倒立グループ（巧技系）

□ 05 ＿＿＿＿

□ 06 ＿＿＿＿

□倒立グループにはほかにも，倒立歩き，倒立ひねりなどの技がある。

No.
Date

THEME 体育

鉄棒運動・平均台運動

鉄棒運動

☐ 鉄棒運動には，鉄棒で体を支えたり回転したりする 01 ＿＿＿＿ 系と，ぶら下がる 02 ＿＿＿＿ 系がある。

☐ 03 ＿＿＿＿ （膝曲げ）

☐ 04 ＿＿＿＿

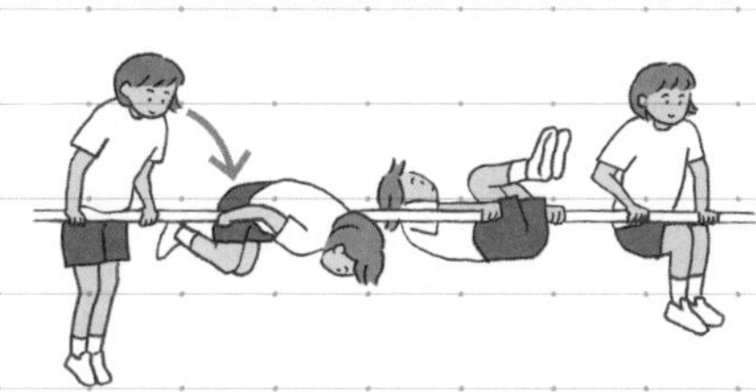

鉄棒の握り方

☐ 05 ＿＿＿＿ ：手の甲を上にして上から握る。 例 前方（後方）支持回転，後方ももかけ回転

☐ 06 ＿＿＿＿ ：手のひらを手前に向けて，下から握る。 例 前方膝かけ回転，前方ももかけ回転

☐ 片逆手：一方の手を順手，もう一方の手を逆手で握る。 例 踏み越し下り，支持跳び越し下り

平均台運動

☐ 平均台運動には，歩いたり跳んだりする体操系と，バランスをとるバランス系がある。

☐ 体操系には，歩いたり走ったりする 07 ＿＿＿＿ グループと，跳び上がったり跳び下りたりする 08 ＿＿＿＿ グループがある。

☐ バランス系には，決められた姿勢でバランスをとったり静止したりする 09 ＿＿＿＿ グループと，体の向きを変える 10 ＿＿＿＿ グループがある。

歩走グループ

☐ 11 ＿＿＿＿

ポーズグループ

☐ 立ちポーズの例

No.

Date

THEME 体育

跳び箱運動

まだまだ　もう少し　ばっちり

分類

□跳び箱運動には，切り返し系と，回転系がある。

おもな技

切り返し跳びグループ（切り返し系）

□かかえ込み跳び

まず腰を伸ばして跳び箱の 01 ＿＿＿ 方に着手する。次に，体をかかえ込みながら手で突き放し，02 ＿＿＿ 方へ跳ぶ。着地のときには，03 ＿＿＿ を胸に近づける。

□切り返し跳びグループにはほかにも，開脚跳び，開脚伸身跳びなどがある。

回転跳びグループ（回転系）

□頭はね跳び

まず腰を高く上げ，次に腰を曲げて 04 ＿＿＿ → 05 ＿＿＿ の順に跳び箱に着ける。体が回転し，額より 06 ＿＿＿ が前に出たときにはね，突き放しと同時に 07 ＿＿＿ を伸ばす。

□回転跳びグループにはほかにも，前方倒立回転跳びなどがある。

THEME 体育 **短距離走・リレー**

まだまだ　もう少し　ばっちり

短距離走

□スタートは，両手を地面に着く 01 ＿＿＿＿ スタートで行う。

□一定時間内の歩数のことを 02 ＿＿＿＿ という。歩数を多くすると速く走れるが，多くしすぎると歩幅(ほはば)が 03 ＿＿＿＿ くなり効率が低下する。

□1歩の歩幅のことを 04 ＿＿＿＿ という。歩幅を大きくするとスピードに乗りやすいが，大きすぎると負担が大きく疲(つか)れやすくなる。

□スタート→加速疾走(しっそう)→中間疾走→フィニッシュ

リレー

□バトンパスは，バトンが 05 ＿＿＿＿ ゾーン内にあるときに終了(しゅうりょう)させる。

□バトンの受け渡(わた)しをバトンパスという。バトンパスには，バトンを上から渡すオーバーハンドパスと下から渡すアンダーハンドパスがある。

□ 06 ＿＿＿＿ ハンドパス

□ 07 ＿＿＿＿ ハンドパス

THEME 体育 **長距離走・ハードル走**

まだまだ もう少し ばっちり

長距離走

□スタートは，立った姿勢で構える 01 ＿＿＿＿＿＿＿ スタートで行う。目標タイムを参考にし，ペースを守って走るようにするとよい。

□スタート→長距離走に向いた走法

ハードル走

□踏み切り→空中→着地の一連の動作をハードリング，ハードル間をインターバルという。

□インターバルは3歩で走るのが一般的。着地後の第 02 ＿＿＿＿ 歩が大きければ，3歩で楽に走れる。

□前に振り上げて跳び越す脚を 03 ＿＿＿＿＿＿ 脚，後ろ側の脚を 04 ＿＿＿＿＿ 脚という。

□ 05 ＿＿＿＿＿＿＿＿

□ 06 ＿＿＿＿＿＿＿＿ （ハードル間）

Date

THEME 体育 **走り幅跳び／走り高跳び**

走り幅跳び

□空中で両脚をそろえて，膝を伸ばしながら脚を前に放り出す跳び方をかがみ跳びという。

□空中で胸を反らしながら，腕を後方から上にもってくる跳び方をそり跳びという。

□空中で走るように両脚を１回交差する跳び方をはさみ跳びという。

□ 01 ＿＿＿＿ 跳び

□ 02 ＿＿＿＿ 跳び

□ 03 ＿＿＿＿ 跳び

無効試技

試合では次の場合は，１回の無効試技（失敗）になる。

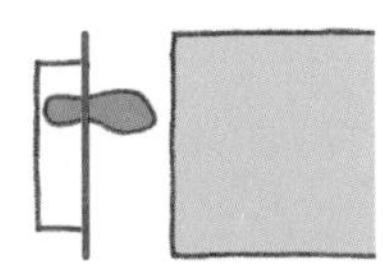

踏み切りで，踏み切り線の先に体の一部が触れたとき。

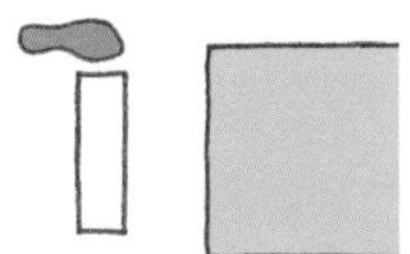

踏み切り板の 04 ＿＿＿＿ 側で踏み切ったとき。

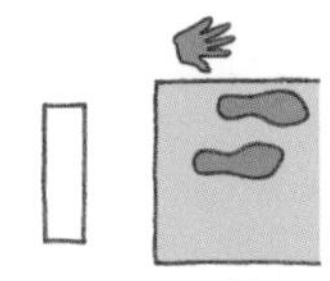

着地で，着地の跡よりも踏み切り線に近い砂場の外側の地面に触れたとき。

助走と計測

□遠くへ跳ぶためには，踏み切る前により速い 05 ＿＿＿＿ スピードを得なければならない。踏み切りまでに走る距離は，初心者で 20 ～ 30m が一般的である。

□砂場に残った跡のうち，踏み切り線に最も 06 ＿＿＿＿ い部分と踏み切り線の間の距離が記録となる。

走り高跳び

□大きなはさみ動作で跳び，抜き脚の膝を引き付けるようにバーをクリアする跳び方を，はさみ跳びという。

□腕・肩を引き上げ，肩→背中→腰の順にバーをクリアする跳び方を背面跳びという。

□走り高跳びは，リズミカルな 07 ＿＿＿＿，力強い 08 ＿＿＿＿，大きな空間動作で跳ぶことが大切である。

□ 09 ＿＿＿＿ 跳び

□ 10 ＿＿＿＿ 跳び

助走と踏み切り

□踏み切りまでの助走は，7～11 歩が一般的である。助走はゆっくりスタートし，はねずに腰を落とすようにしながら徐々に歩幅を 11 ＿＿＿＿ てスピードを上げる。

□踏み切りでは，バーから 12 ＿＿＿＿ いほうの足で力強く踏み切る。

順位の決め方

① 高く跳んだ順に順位を決める。
② 同記録の場合は，同記録になった高さで試技数が最も少なかった競技者が勝者となる。
③ ②で決まらない場合は，一つ前の高さまでの試技数のうち，試技数が最も少なかった競技者が勝者となる。

Date

THEME 体育 **水泳**

競泳のルール

□個人メドレー：バタフライ→01＿＿＿＿＿→02＿＿＿＿＿→自由形の順に泳ぐ。

□メドレーリレー：背泳ぎ→平泳ぎ→03＿＿＿＿＿→04＿＿＿＿＿の順に泳ぐ。

クロール

□キック（ばた足）は，足首の力を抜き，膝からではなく05＿＿＿＿＿関節から動作を行って，ムチのようにしなやかに打ち下ろす。

□ストロークは，片腕ずつ交互に，手のひらで水を06＿＿＿＿＿方に押すようにかく。

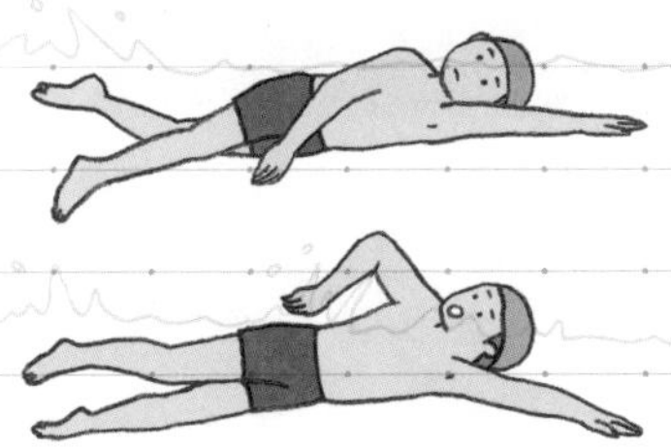

平泳ぎ

□キック（カエル足キック）は，両足の膝を曲げながらゆっくり引き付け，足の07＿＿＿＿＿で水を押すようにかく。

□ストロークは，前に伸ばした両腕を，ゆっくり開きながら手前に引き寄せ水をかく。かき終わったらキックに合わせて腕を08＿＿＿＿＿方に伸ばす。

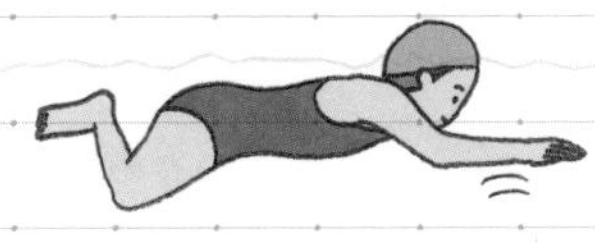

背泳ぎ

☐キックは，足首を柔らかく使い，足の09＿＿で水をとらえる。10＿＿関節から動作すると，蹴り上げだけでなく，蹴り下げでも推進力が得られる。

☐ストロークは，腕を空中に高く伸ばしてそのまま11＿＿指側から入水する。水中では，手のひらを足のほうに向け，ももまで水をしっかり押す。

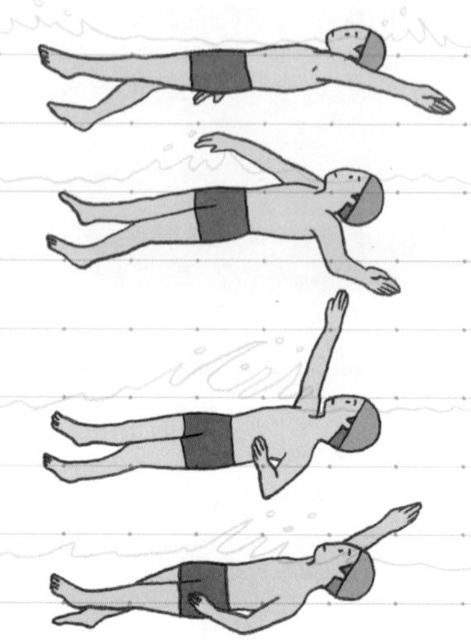

バタフライ

☐キック（ドルフィンキック）は，常に両足の親指が触れ合うようにし，膝を12＿＿たときに足を水面に出しすぎないようにする。

☐ストロークは，両手を13＿＿方に伸ばして14＿＿指側から入水し，外側から内側へと水をかき込む。体の下を通って，後方に向けて水をかいたら，手の15＿＿が前を向くようにしながら手を前に戻す。

ターン

☐一般的なターン……平泳ぎとバタフライは両手で同時に壁にタッチするが，背泳ぎとクロールは体の16＿＿が壁に触れればよい。

☐クイックターン……壁の直前で体を回転させて壁をける。17＿＿と18＿＿で使われる。

THEME 体育 バスケットボール／ハンドボール

まだまだ　もう少し　ばっちり

バスケットボール

□ チェストパス：両手で近くの味方にボールを送るパス。

□ ショルダーパス：肘を伸ばして肩の位置から遠くの味方にボールを送るパス。

□ サイドハンドパス：敵の防御をかわして体の横から片手でボールを送るパス。

□ 01 ＿＿＿＿シュート：頭の上や顔の前にボールをセットして狙うシュート。

□ 02 ＿＿＿＿シュート：その場で跳び上がりながら高い位置で狙うシュート。

□ 03 ＿＿＿＿シュート：ゴール下に走り込みながらゴールの近くで狙うシュート。

パスの例

□ 04 ＿＿＿＿パス

□ 05 ＿＿＿＿パス

シュートの例

□ ランニングシュート

ルール

□ 06 ＿＿＿＿ファウル：体の接触による反則のこと。相手を押す，相手の進行を妨げるなど。

□ 07 ＿＿＿＿ファウル：スポーツマンらしくない反則のこと。審判の注意や警告を無視する，ゲームの進行を遅らせるなど。

□ 08 ＿＿＿＿：ファウルを除く，全ての違反のこと。

ハンドボール

- □ショルダーパス：上体と腕を使って片手で送るパス。
- □アンダーハンドパス：下手で低い位置から送るパス。
- □09 ＿＿＿＿パス：ボールを床でバウンドさせながら送るパス。
- □10 ＿＿＿＿シュート：走りながらジャンプし，高い位置から放つシュート。
- □ゴールキーパーは，11 ＿＿＿＿いボールはジャンプして片手か両手，12 ＿＿＿＿いボールは足と手を使ってゴールを守る。

□ジャンプシュート

□13 ＿＿＿＿パス

ルール

- □ボールがサイドラインからコート外に出たときは，相手チームの14 ＿＿＿＿で再開する。
- □ボール扱いの違反や相手に対するプレイの違反があったときには，相手チームに15 ＿＿＿＿があたえられる。

ボール扱いの違反

□16 ＿＿＿＿

ドリブルした後，ボールをつかみ，再びドリブルする。

相手に対するプレイの違反

□17 ＿＿＿＿

相手プレイヤーを腕や手で捕まえる。

THEME 体育

サッカー／バレーボール

サッカー

□インサイドキック：足の内側を使うキック。

□ 01 ＿＿＿＿ サイドキック：足の外側を使うキック。

□インステップキック：足の甲の中心を使い，強いボールを遠くに飛ばすキック。

□ヘディング：高いボールを頭で処理する技術。

□ゴールキーパーがシュートを防ぐ技術にはキャッチング，パンチングなどがある。

□ 02 ＿＿＿＿ キック　□ 03 ＿＿＿＿ キック

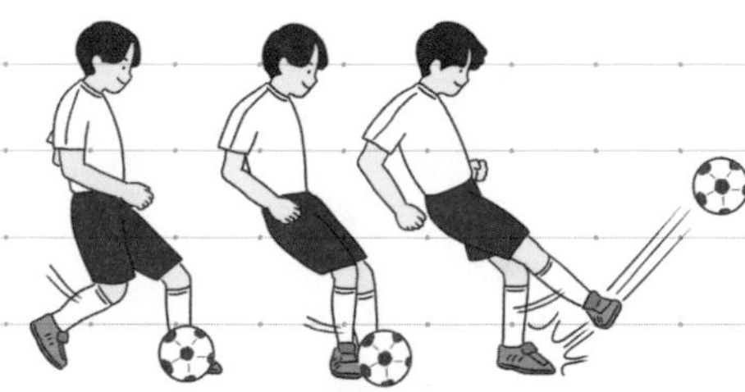

□ 04 ＿＿＿＿　□ 05 ＿＿＿＿

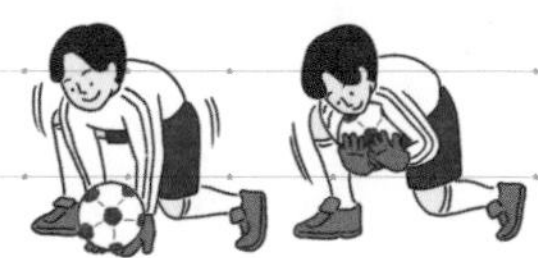

ルール

□右図のプレイヤーＡがいるポジションを，06 ＿＿＿＿ ポジションという。このポジションにいるプレイヤーＡがパスを受けたり，相手プレイヤーのプレイに影響を与えたりすると，07 ＿＿＿＿ の反則となる。この場合，違反のあった地点から相手チームの 08 ＿＿＿＿ キックとなる。

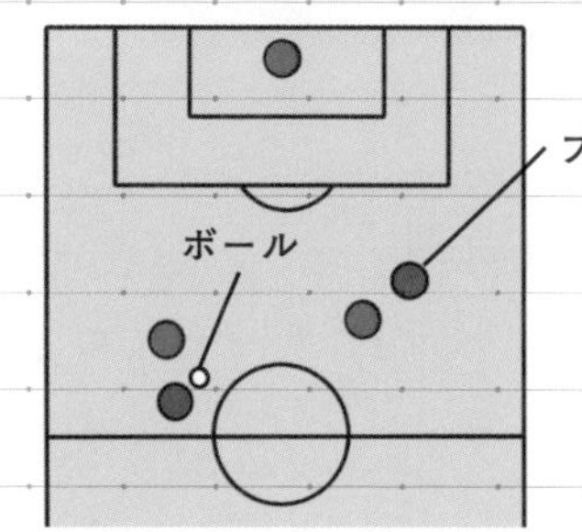

□相手に飛びかかったり，相手を手や体で押したりすると反則となり，相手チームに 09 ＿＿＿＿ キックが与えられる。

バレーボール

□オーバーハンドパス：高い位置に来たボールを額の前で受けて送るパス。

□アンダーハンドパス：低い位置に来たボールを伸(の)ばした両腕(りょううで)の上面で受けて送るパス。

□アンダーハンドサービス：ボールを下から打つサービス。

□スパイク：ボールを相手コートに，強く叩(たた)きつけるように返すこと。

□10 ＿＿＿＿，フェイント：強打と見せかけて，ボールを相手コートの空いているところに落とすこと。

□11 ＿＿＿＿：相手のスパイクをネット上で防ぐこと。

□12 ＿＿＿＿ハンドパス　□13 ＿＿＿＿ハンドパス

□14 ＿＿＿＿ハンドサービス　□オープントスの 15 ＿＿＿＿

ルール

□16 ＿＿＿＿：ブロックの場合以外で，相手コート上にあるボールにネットを越(こ)えて触(ふ)れる反則。

□フットフォールト：サービスのときに，17 ＿＿＿＿ラインを踏(ふ)んだり踏み越したり，サービスラインや，18 ＿＿＿＿ラインの仮想延長線を踏み越したりする反則。

□19 ＿＿＿＿（ホールディング）：パスの際，ボールを明らかに静止させる反則。

□20 ＿＿＿＿：ボールが体の２か所以上に触れる反則。

THEME 体育 卓球／ソフトテニス

まだまだ もう少し ばっちり

卓球

□ショート：ボールがバウンドする上がり際をとらえ，小さなスイングで返球する技術。

□カット：ボールに強い下回転を加えて返球する技術。相手の 01 ＿＿＿＿ を誘ったり，次の攻撃につなげたりする。

□ショートカット：下回転のかかったボールに対して，小さくカットをして返球する技術。

□スマッシュ：浮いたボールを強打して返球する技術。

□ドライブ：ボールに強い上回転を与えて返球する技術。

□ 02 ＿＿＿＿ 回転サービス：斜め上にラケットを動かして回転を与えるサービス。

□ 03 ＿＿＿＿ 回転サービス：斜め下にラケットを動かして回転を与えるサービス。

ラケットの握り方

□ 04 ＿＿＿＿ グリップ
両面を使い分ける。

□ 05 ＿＿＿＿ グリップ
表面で打つのが一般的。

□ 06 ＿＿＿＿（フォアハンドの場合）

□ 07 ＿＿＿＿

□ 08 ＿＿＿＿（バックハンドの場合）

ルール

□サービスは，ラケットを持って 09 ＿＿＿＿ ほうの手のひらを開いてボールをのせ，10 ＿＿＿＿ cm 以上回転を与えずに垂直に投げ上げ，11 ＿＿＿＿ する途中で打つ。

□サービスのボールが 12 ＿＿＿＿ やサポートに触れて相手コートに入ったときは，13 ＿＿＿＿（ノーカウント）となり，サービスをやり直す。

THEME 卓球／ソフトテニス

ソフトテニス

□ロビング：相手コートの奥に落ちるように打つ，放物線を描いて飛ぶ打球。

□グラウンドストローク：ワンバウンドしたボールを打球すること。

□14 ＿＿＿＿＿＿：相手の返球をノーバウンドでたたくショット。

□スマッシュ：高く浮いてきたボールを，頭上より高い打点でたたきつけるように強く打ち込むショット。

□15 ＿＿＿＿＿＿サービス：ボールをラケット面に垂直に当て，強く速く打つサービス。

ラケットの握り方

□16 ＿＿＿＿＿＿グリップ

地面と水平に置いたラケットを真上から握る。

□17 ＿＿＿＿＿＿グリップ

地面に立てて置いたラケットを真上から握る。

□18 ＿＿＿＿＿＿（フォアハンド）

□グラウンドストローク（バックハンド）

□19 ＿＿＿＿＿＿

ルール

□サービスのとき，手から離したボールを打たなかったり，右図のように サービスを行う位置の決まりに違反したときには 20 ＿＿＿＿＿＿となる。

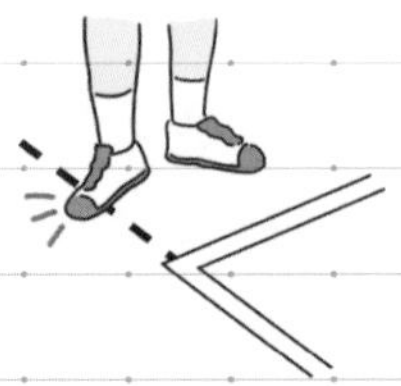

□21 ＿＿＿＿＿＿ラインの仮想延長線を越える。

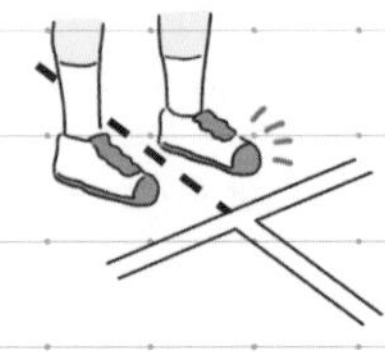

□22 ＿＿＿＿＿＿マークの仮想延長線を越える。

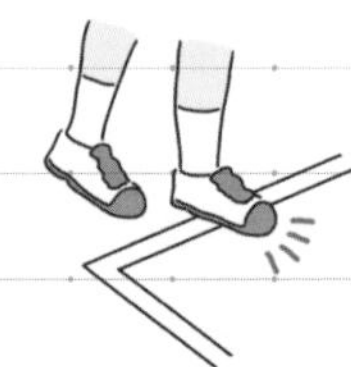

□23 ＿＿＿＿＿＿ラインを踏む。

THEME 体育 # バドミントン／ソフトボール

まだまだ　もう少し　ばっちり

バドミントン

□アンダーハンドストローク：腰より低い位置にきたシャトルを打つこと。

□01 ＿＿＿＿ストローク：頭より高い位置にきたシャトルを打つこと。

□プッシュ：ネット際の高い位置から早いタイミングで強くシャトルを打つこと。

□02 ＿＿＿＿サービス：シャトルが相手コートの奥に落ちるように，ラケットを前方上に向け鋭く振って打つサービス。

□ショートサービス：シャトルが相手コートの手前に落ちるように，ラケットを押し出すようにしてコンパクトに打つサービス。

□03 ＿＿＿＿（バックハンドの場合）

□オーバーヘッドストローク

□04 ＿＿＿＿（フォアハンドの場合）

□05 ＿＿＿＿サービス（フォアハンドの場合）

ルール

□同じプレイヤーが06 ＿＿回以上続けてシャトルを打ったり，ラケットや体が07 ＿＿＿＿やポストに触れたりしたときはプレイ時のフォルトとなり，相手の08 ＿＿＿＿となる。

ソフトボール

□バッティング：バットでボールを強く打って遠くへ飛ばすこと。

□バント：走者を確実に進塁させたりするために，止めたバットに軽くボールを当てて転がすこと。

□09 ＿＿＿＿：ピッチャーが投げた隙に次の塁をねらうこと。

□ピッチング：ピッチャーがバッターに対してボールを投げること。

□ピッチングには，スリングショットモーションやウインドミルモーションなどがある。

□10 ＿＿＿＿

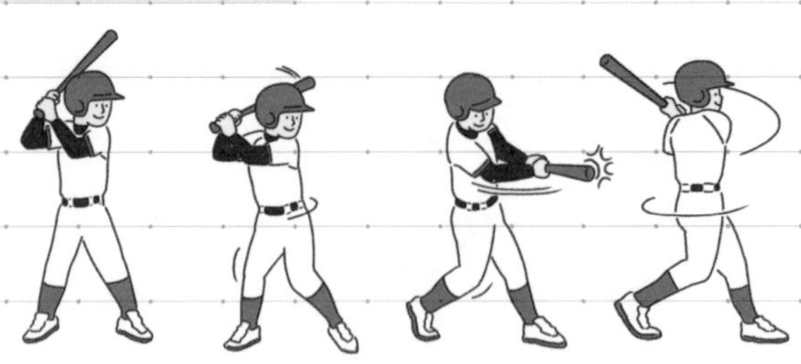

□11 ＿＿＿＿モーション

→ バットを持つ位置

□グリップエンドの近くを持つ。
→長打が出やすい。

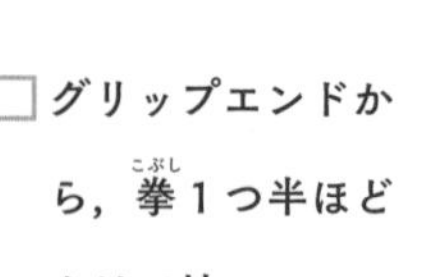

□グリップエンドから，拳1つ半ほどあけて持つ。
→ミートしやすい。

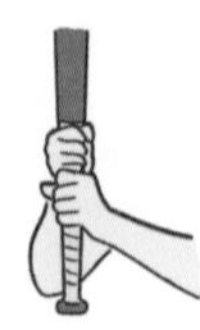

□12 ＿＿＿＿モーション

ルール

□打者の13 ＿＿＿＿（3ストライク目を捕手が正しく捕球したとき）は，アウトとなる。また，2ストライク後の14 ＿＿＿＿がファウルになったときや，捕手の捕球や送球を妨害したときも，アウトになる。

THEME 体育

柔道・剣道／相撲・ダンス

柔道

☐ 01 ＿＿＿＿ 技：相手を投げる技のこと。おもな技には大腰(おおごし)や膝車(ひざぐるま)などがある。

☐ 02 ＿＿＿＿ 技（抑(おさ)え込(こ)み技）：相手の体を抑えて起き上がれなくする技。おもな技にはけさ固めなどがある。

☐ 03 ＿＿＿＿ 回目の「技あり」をとったときや，「抑え込み」の宣告から 04 ＿＿＿＿ 秒間，相手を抑え込んだときには「一本」となる。

☐ 05 ＿＿＿＿

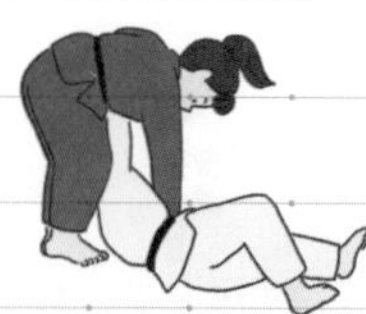

☐ 06 ＿＿＿＿

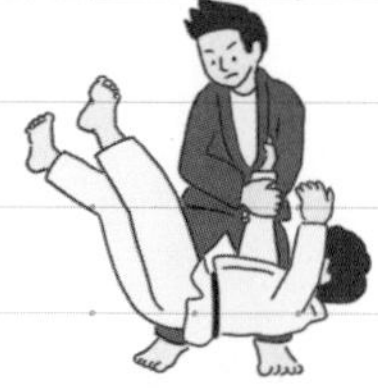

☐ けさ固め

剣道

☐ 07 ＿＿＿＿ :相手を打つこと。おもなものには相手の面を打つ面打ち，小手を打つ小手打ち，胴(どう)を打つ胴打ちなどがある。

☐ 有効打突(だとつ)と認められると 08 ＿＿＿＿ となる。正しく打突しても，残心（打突した後に油断せず，反撃(はんげき)に対応できる心身の構え）がない場合には有効打突とならない。

☐ 09 ＿＿＿＿ 本勝負で，10 ＿＿＿＿ 本を先取した者が勝者となる。

☐ 11 ＿＿＿＿

☐ 12 ＿＿＿＿

☐ 13 ＿＿＿＿

相撲

□基本となる技には，相手を押す14　　　　，まわしを引き付けて相手の重心を浮かせながら前に出る15　　　　などがある。

□投げ技には上手投げや下手投げなどがある。

□16　　　　：相手の押しや寄りを防いで攻めに転ずる技術。相手の差し手を外側からあてがって押し上げる17　　　　や，押し合いの中で片足を引き，体を開いて相手の横に回り込む18　　　　などがある。

□19　　　　投げ　□20　　　　投げ

ダンス

□創作ダンス：テーマに合わせ，動きを考えて踊るダンス。

□創作ダンスには，「高い⇔21　　　　い」，「22　　　　い⇔弱い」などの対極の動きや，大勢で密集したり分散したりする群（集団）の動きを取り入れるとよい。

□フォークダンス：日本の民謡や，外国の伝統的な音楽に合わせて踊るダンス。外国のフォークダンスには，バルソビアナポジションなどさまざまな組み方（ポジション）がある。

□23　　　　ポジション　□24　　　　ポジション　□25　　　　ポジション　□26　　　　ポジション

□現代的なリズムのダンスには，ヒップホップダンスや，ロックダンス，ブレイクダンスなどがある。

THEME 体育 # 体育理論

まだまだ　もう少し　ばっちり

スポーツの楽しさと必要性

□人間は，楽しさや必要性を求めて，さまざまなスポーツや運動を工夫し，発展させてきた。

□スポーツの楽しさには，競い合うこと，課題を達成すること，自然と親しむこと，仲間と交流すること，感情を表現することなどがある。

□スポーツの必要性には，体力を高めること，健康を維持することなどがある。

スポーツの楽しさの例

□競い合う。

□課題を達成する。

□01 ＿＿＿＿と親しむ。

□仲間と02 ＿＿＿＿する。

スポーツの必要性の例

□03 ＿＿＿＿を高める。

□04 ＿＿＿＿を維持する。

スポーツへの多様な関わり方

□スポーツへの関わり方には，実際に05 ＿＿＿＿こと，テレビなどで06 ＿＿＿＿こと，裏方として07 ＿＿＿＿こと，情報を08 ＿＿＿＿ことなどがある。

□興味・関心や体力，生活の仕方，年齢などを考慮して，種目や場，プログラムなどを選べば，生涯にわたってスポーツを行うことができる。

□テレビや09 ＿＿＿＿などのメディアを利用したり，会場に行ったりすれば，スポーツを見ることができる。

□地域のスポーツクラブなどでコーチやマネージャーをしたり，スポーツ大会で選手の補助や観客の誘導，会場の整備などを行うことで，スポーツを支えることができる。

□スポーツの歴史や記録，スポーツについての情報を本や新聞，インターネットで調べることで，スポーツを知ることができる。

スポーツが心身と社会性に及ぼす効果

□スポーツは，10 ＿＿＿＿の発育・発達や運動技能の上達，11 ＿＿＿＿の維持・向上などに効果がある。

□食生活を改善し，スポーツを積極的に生活に取り入れることで，肥満や12 ＿＿＿＿病を予防することができる。

□スポーツを行うと，達成感を得る，13 ＿＿＿＿を解消する，リラックスするなどの効果がある。

□スポーツを行うとき，違いに配慮したルールを受け入れたり，仲間と教え合ったり，相手のよいプレイに称賛を送ったりすることなどで，14 ＿＿＿＿性を高めることができる。

(1) スポーツは肥満や生活習慣病を予防することができる。

(2) スポーツは達成感を得る，ストレス解消，リラックスなどの効果がある。

(3) スポーツは社会性を高めることができる。

スポーツに必要な要素と安全な行い方

□スポーツには，それぞれの目的にかなった合理的な体の動かし方がある。これを15 ＿＿＿＿という。また，合理的な練習で身に付いた能力を技能という。

□技術を使って相手との競い合いを有利に運ぶプレイの方法を16 ＿＿＿＿という。また，ゲームや試合を行う際の方針を作戦という。

□スポーツを楽しく安全に行うには，自分の目的に適したスポーツを選び，強さ，時間，頻度などの条件を適切に決めて計画を立てることが大切である。

THEME 体育 **体育理論／さまざまなスポーツ**

スポーツの文化的意義

□現代生活におけるスポーツは，人々が豊かな人生を送るために必要な，健やかな心身や，豊かな交流をもたらす役割がある。

□日本では，国が 01 ＿＿＿＿ 法に基づいて 02 ＿＿＿＿ 計画を定め，自治体ではこれらに基づいて 03 ＿＿＿＿ 計画を策定し，スポーツの推進に取り組んでいる。

国際的なスポーツ大会とその役割

□現在，世界では，04 ＿＿＿＿・05 ＿＿＿＿ 競技大会などの国際総合競技大会や，各競技や種目ごとの国際大会が行われている。

□国際的なスポーツ大会は，国際親善や 06 ＿＿＿＿ に大きな役割を果たしている。とくに現代社会では，その役割がいっそう大きくなっている。

□国際的なスポーツ大会が開催（かいさい）されると，さまざまな国や地域から人が集まって交流したり，参加国のことを学ぶ活動が行われたりする。

人々を結び付けるスポーツ

□スポーツには，人々をお互いに結び付ける働きがある。集団スポーツやクラブなどには，仲間同士の協力や 07 ＿＿＿＿ を強める働きもある。

□スポーツを行うことで，民族や生まれ育った 08 ＿＿＿＿，人種，風土，地域，性別，年齢（ねんれい），障害の有無といった違（ちが）いを超（こ）えて，誰（だれ）もが共通の経験を味わうことができる。

THEME 体育理論／さまざまなスポーツ

アダプテッド・スポーツ

☐アダプテッド・スポーツ：09  や用具，補助などで障害者や高齢者，子供などにも適合したスポーツのこと。誰もが得点や勝敗に同じように関わることができるようにルールなどが工夫されていることから，10 ＿＿＿＿ スポーツと呼ぶこともある。

☐11 ＿＿＿＿ サッカー

☐12 ＿＿＿＿ バレーボール

新しいスポーツをつくり出す活動

☐これまでのスポーツとは違う，新しいスポーツをつくる活動が広まっている。

☐イモムシラグビー

ゆるスポーツ*の一つ。イモムシになりきり，ほふく前進などで動いて行うラグビー。

☐バブルサッカー

空気の入った「バブル」を着用して行うサッカー。

*ゆるスポーツ…年齢，性別，運動神経，運動経験，障害の有無に関わらず，誰もが楽しめて笑えるスポーツ。世界ゆるスポーツ協会考案。

Date

THEME 保健 健康的な生活

健康の成り立ち

□病気には，その人個人の主体の要因と，個人を取り巻く状態である環境の要因が関係している。

主体の要因

□ 01 ＿＿＿＿：体質，02 ＿＿＿＿，年齢，抵抗力など。

□生活習慣や行動：運動，03 ＿＿＿＿，休養・04 ＿＿＿＿など。

環境の要因

□ 05 ＿＿＿＿的環境の要因：06 ＿＿＿＿・湿度，有害物質など。

□ 07 ＿＿＿＿的環境の要因：細菌，細菌よりも小さな 08 ＿＿＿＿，動物，植物など。

□ 09 ＿＿＿＿的環境の要因：人間関係や保健・医療制度，労働条件など。

➔ 主体の要因と環境の要因

主体

主体の要因
・素因（体質，年齢など）
・生活習慣や行動（食事，休養など）

環境

物理・化学的環境の要因
温度・湿度，
有害物質など

生物学的環境の要因
細菌，ウイルス，
動物，植物など

社会的環境の要因
人間関係，保健・医療制度，
労働条件など

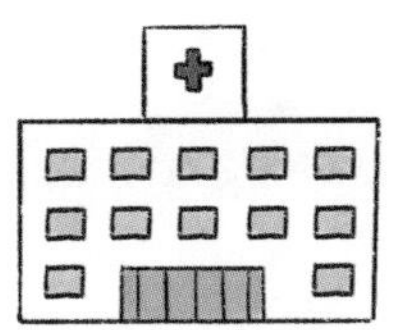

運動と健康

□運動不足は，体力の低下，太りすぎる 10 ＿＿＿＿症や血管が硬くなる 11 ＿＿＿＿，糖尿病などの 12 ＿＿＿＿病の原因になる。

□機械化や自動車の普及などにより，運動の機会が 13 ＿＿＿＿している。健康を保持増進するために，個人の年齢や生活環境に応じて，運動を続けることが必要である。

THEME 健康的な生活

食生活と健康

□基礎代謝量：生命を維持するために最小限必要な14＿＿＿＿。

□1日に消費するエネルギー量：基礎代謝量に学習などの生活活動や15＿＿＿＿によって消費するエネルギー量を加えたもの。

□活動量が少ない場合には，エネルギー16＿＿＿＿になりやすいので，積極的に運動を取り入れることが大切である。

□食事でエネルギーや17＿＿＿＿素をバランスよくとることで，健康な体をつくることができる。

□健康のためには，生活18＿＿＿＿を整えて，規則正しい食生活を送ることが大切である。

➔ 食生活指針（抜粋）

◎1日の食事のリズムから，健やかな生活リズムを。

◎主食・主菜・副菜を基本に食事のバランスを。

◎野菜・果物，牛乳・乳製品，豆類，魚なども組み合わせて。

◎適度な運動とバランスのよい食事で，適正体重の維持を。

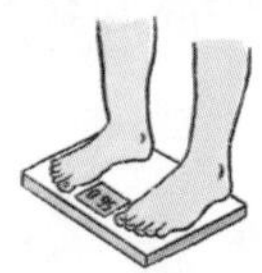

◎ごはんなどの穀物をしっかりと。

◎食塩は控えめに，脂肪は質と量を考えて。

（厚生労働省『食生活指針』）

休養・睡眠と健康

□疲労やストレスが蓄積すると，体の19＿＿＿＿力が低下し，病原体による20＿＿＿＿にかかりやすくなる。血圧が基準値より高い21＿＿＿＿，胃潰瘍，脳の血管が詰まったり切れたりする22＿＿＿＿，鬱病など，さまざまな健康障害につながることがある。

□疲労回復やストレス解消には，休養が必要である。休養には，睡眠，休息，風呂に入る23＿＿＿＿，24＿＿＿＿補給，軽い運動などがある。

□睡眠は，1日の25＿＿＿＿を取り除くとともに，体の26＿＿＿＿力を高めたり，精神を27＿＿＿＿させたりする効果をもっている。

THEME 保健 # 生活習慣病の予防／がんの予防

まだまだ　もう少し　ばっちり

生活習慣病

□生活習慣病：日常の生活習慣が要因となって発症（はっしょう）・進行する病気。

□生活習慣病には，血圧が高くなる 01 ＿＿＿＿ や糖尿病（とうにょうびょう），日本人の死因の多くを占（し）める 02 ＿＿＿＿，心臓病，脳卒中などがある。

□問題となる生活習慣：03 ＿＿＿＿ 生活の乱れ，04 ＿＿＿＿ や休養の不足，05 ＿＿＿＿（たばこを吸うこと），過度の飲酒，口腔（こうくう）内の不衛生など。

生活習慣病の進行

生活習慣	→	生活習慣病	→	
・食生活の乱れ ・運動・睡眠（すいみん）不足 ・ストレス ・喫煙（きつえん）・飲酒 など	→	・高血圧症 ・脂質（ししつ）異常症 ・糖尿病 ・肥満症（ひまんしょう）	→	心臓病や脳卒中，がんなどの重い症状が現れる

さまざまな生活習慣病の原因

□動脈硬化：06 ＿＿＿＿ 脂肪（しぼう）のとりすぎや 07 ＿＿＿＿ 不足が原因。

動脈硬化や高血圧は，心臓病や脳卒中を引き起こすよ。

□高血圧症：08 ＿＿＿＿ のとりすぎやストレスが原因。

□糖尿病：09 ＿＿＿＿ のとりすぎや運動不足，10 ＿＿＿＿（太りすぎ）などが原因。心臓病や脳卒中など，さまざまな病気の原因となる。

□歯周病：不適切な歯磨（みが）きの習慣や磨き方，砂糖のとりすぎ，喫煙などが原因。11 ＿＿＿＿（プラーク）がむし歯（う歯）や 12 ＿＿＿＿ の炎症（えんしょう）を引き起こす。

生活習慣病の予防

◎健康増進・発病予防
- 運動をする。
- バランスのよい食事をとる。
- 休養をとる。
- 喫煙や過度の飲酒をしない。

◎早期発見・早期治療（ちりょう）
- 日頃（ひごろ）から体重や血圧を測る。
- 検査を受ける。

THEME 生活習慣病の予防／がんの予防

がんとは

□がん：正常な細胞の13 ＿＿＿＿がきずついて14 ＿＿＿＿細胞に変化し，その細胞が無秩序に増殖して器官の働きを侵す病気。

がんの原因

生活習慣の乱れ

□たばこを吸う15 ＿＿＿＿，酒を飲む16 ＿＿＿＿，塩分のとりすぎ，野菜・果物の摂取不足などの17 ＿＿＿＿生活の乱れ，体をあまり動かさない18 ＿＿＿＿不足などがある。

細菌・ウイルス

□胃がんの原因となるヘリコバクター・ピロリ菌，肝がんの原因となる肝炎ウイルスなど。がんそのものは感染しない。

がんの予防

□生活習慣の見直しで，がんの危険性を減らすことができる。また，検査で細菌やウイルスへの感染が明らかになれば，細菌を取り除く19 ＿＿＿＿などの対処で予防することができる。

□がん検診によって，自覚症状がない段階で見つける20 ＿＿＿＿，できるだけ早い時期に治療を行う21 ＿＿＿＿が有効となる。

➔ がんの危険性を減らす5つの健康管理

節酒する

禁煙する

食生活を見直す

体を動かす

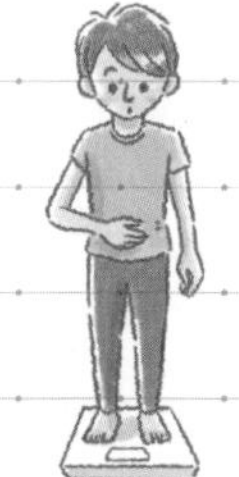
適正体重を維持する

THEME 保健 喫煙・飲酒・薬物乱用と健康

まだまだ　もう少し　ばっちり

喫煙

- □ 01 ＿＿＿＿＿＿：喫煙者がたばこから吸い込む煙。
- □ 02 ＿＿＿＿＿＿：たばこの先から出る煙。
- □ 03 ＿＿＿＿＿＿：喫煙者が吐き出す煙やたばこの先から出る煙を，近くにいる人が吸い込むこと。
- □ たばこの煙には，ニコチン，04 ＿＿＿＿＿＿，一酸化炭素など，200 種類以上の有害物質が含まれている。05 ＿＿＿＿＿＿には依存性があるため，喫煙が習慣化するとやめるのが難しくなる。
- □ 喫煙による病気：喫煙を長期間続けると，がんをはじめ，慢性閉塞性肺疾患（COPD），心臓病，脳の血管が詰まったり破裂したりする 06 ＿＿＿＿＿＿などの病気にかかりやすくなる。
- □ 心身の発育・発達期は，喫煙の影響を受けやすく，07 ＿＿＿＿＿＿症になりやすい。また，喫煙開始時期が 08 ＿＿＿＿＿＿と，がんや心臓病などの病気にかかりやすくなる。

➔ 喫煙したときに現れる症状

- 脳の血流減少
- 思考能力の低下
- まぶたの腫れ
- 肌荒れ
- 首や肩の凝り
- 味覚・嗅覚の低下
- 口臭の悪化
- 食欲の低下
- せき・たん
- 息切れ
- 心臓への負担
- 運動能力の低下

飲酒

- □ 09 ＿＿＿＿＿＿：酒類の主成分。脳や神経の働きを低下させ，思考能力や自制心，体を動かす 10 ＿＿＿＿＿＿機能を低下させる。その結果，転落や交通事故，暴力，傷害などの事故や事件が起こりやすくなる。
- □ アルコールの 11 ＿＿＿＿＿＿中毒：一度に大量の酒を飲むことで引き起こされ，呼吸が止まって死亡することもある。
- □ アルコールには依存性がある。多量に飲み続けて 12 ＿＿＿＿＿＿症になると，仕事や人間関係などに支障をきたし，13 ＿＿＿＿＿＿生活が困難になることもある。また，過度の飲酒を続ければ，肝臓や脳，胃，腸，すい臓などの病気や 14 ＿＿＿＿＿＿などを起こしやすくなる。

THEME 喫煙・飲酒・薬物乱用と健康

薬物乱用

□薬物乱用：医薬品を医療の 15 ＿＿＿＿ から外れて使用したり，医療が目的でない薬物を 16 ＿＿＿＿（正しくない方法）に使用したりすること。薬物の乱用は 17 ＿＿＿＿ の形成を強く妨げるため，家庭問題，学校や友人関係での問題など，さまざまな問題を引き起こす。

□おもな薬物：18 ＿＿＿＿ 剤，19 ＿＿＿＿，麻薬，有機溶剤など。

□薬物は 20 ＿＿＿＿ に直接作用し，心身に大きな害を及ぼす。また，21 ＿＿＿＿ 性があるため，繰り返すうちに自分の意思ではやめられなくなってしまう。

□幻覚や 22 ＿＿＿＿ のために犯罪を引き起こしたり，薬物を手に入れるために強盗や密売を働いたりして，23 ＿＿＿＿ 全体に大きな被害をもたらすこともある。

➔ 薬物依存の形成

喫煙・飲酒・薬物乱用のきっかけ

□個人の要因：本人の知識や考え方，対処能力，心理状態など。

□社会的環境の要因：周囲の人たちの喫煙や飲酒，周囲の人たちからの 24 ＿＿＿＿，断りにくい人間関係，メディアからの影響，25 ＿＿＿＿ のしやすさなど。

□防止対策：本人が害などを理解し，絶対に手を出さないという 26 ＿＿＿＿ を強くもつことが大切。社会的環境への対策として，喫煙・飲酒については，害を知らせる警告表示，宣伝や 27 ＿＿＿＿ の規制，購入時の 28 ＿＿＿＿ 確認などが行われている。

THEME 保健 感染症の予防

まだまだ　もう少し　ばっちり

感染症

□ 感染：細菌やウイルスなどの 01 ＿＿＿＿ が体の中に侵入して定着・増殖すること。

□ 感染症：病原体に感染することによって起こる病気。

□ 感染症の発生には，温度や 02 ＿＿＿＿ などの自然環境，その場にいる人の多さをさす 03 ＿＿＿＿，交通などの環境の条件のほか，本人の栄養状態や 04 ＿＿＿＿ 力などの主体の条件が関係している。

□ エイズや新型インフルエンザ，05 ＿＿＿＿ ウイルス感染症などの新しい感染症が出現したり，薬の効かない病原体が増えたりすることがある。

➡ 新型インフルエンザウイルスのでき方の例

トリやヒトのインフルエンザウイルスがブタに感染し，それらの遺伝子が混ざり合うと，新しいインフルエンザウイルスが誕生する。ウイルスは，新しい形に変わると，それまでの薬が効かなくなることがある。

感染症の予防

□ 感染症は，感染源，感染経路，体の抵抗力のそれぞれについて対策を立てることが必要である。

□ 06 ＿＿＿＿ についての対策：患者の早期発見・07 ＿＿＿＿ 治療，感染源となる動物・昆虫の 08 ＿＿＿＿，汚染された物の 09 ＿＿＿＿・滅菌など。

□ 10 ＿＿＿＿ についての対策：11 ＿＿＿＿ やうがい，口周りを覆う 12 ＿＿＿＿，換気，飲料水などの衛生管理，学級 13 ＿＿＿＿ など。

□ 体の 14 ＿＿＿＿ についての対策：血液中のリンパ球が病原体と闘う働きである 15 ＿＿＿＿ を応用した 16 ＿＿＿＿。これを行うことによって体の中に病原体と戦う物質である 17 ＿＿＿＿ ができる。

➡ 感染症の予防の対策の例

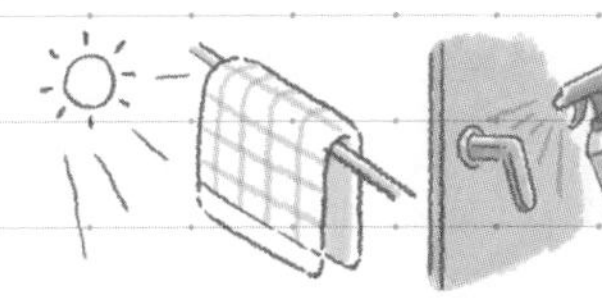

消毒や滅菌など

手洗い，うがいなどの衛生管理

運動，食事など

性感染症

□性感染症：18 ＿＿＿＿接触によって感染する病気。特に 19 ＿＿＿＿世代で感染率が高い。20 ＿＿＿＿しないで放置しておくと，男女ともに不妊の原因になることがある。母親から胎児に感染（21 ＿＿＿＿）することもある。

□性感染症の中には，はっきりした症状が出ないものや，症状が出ない 22 ＿＿＿＿期間が長いものもあるため，気付かないうちに他の人に感染させてしまうことが少なくない。

□性感染症の予防：性的接触をしないことが最も有効。直接の接触を避けることができる 23 ＿＿＿＿の使用が有効な手段になる。

□感染の不安や症状があるときは，相手と同時にできるだけ早く医療機関で検査・24 ＿＿＿＿を受けることが必要である。

➔ おもな性感染症

病名（病原体）	潜伏期間	症状・特徴	治療
性器クラミジア感染症（クラミジア・トラコマチス）	2～3週	・男性…尿道からのうみ，排尿痛など。 ・女性…多少おりものが増える程度で，症状が出ないことが多い。腹膜炎を起こすことがある。	抗生物質の内服（薬が効きにくい場合もある）
りん菌感染症（りん菌）	2～9日	・男性…尿道からのうみ，排尿痛など。症状が出ないこともある。 ・女性…症状が出ないことが多い。腹膜炎などを起こすことがある。	抗生物質の内服（薬が効きにくい場合もある）
性器ヘルペスウイルス感染症（単純ヘルペスウイルス）	2～21日	性器やその周辺の痛み，水膨れなど。症状が出ないことが多い。再発しやすい。	抗ウイルス剤の内服など

エイズ

□エイズ：25 ＿＿＿＿というウイルスに感染することで起こる。このウイルスによって 26 ＿＿＿＿の働きが低下し，発病すると感染症やがんにかかりやすくなる。こうした症状をエイズ（27 ＿＿＿＿）という。

□HIV に感染すると，大抵は 28 ＿＿＿＿のまま時間が経過するが，免疫の働きが徐々に 29 ＿＿＿＿し，数か月から 10 年ほど経過した後，エイズが発病する。

□ほかの性感染症と同じく，性的接触をしないこと，性的接触をするときはコンドームを正しく使うことが最も有効である。

THEME 保健 **体の発育・発達**

まだまだ　もう少し　ばっちり

発育急進期の体の発育・発達

□発育急進期：身長や01＿＿＿＿が急に発育する時期。この時期には，骨や筋肉，肺，心臓などの大部分の器官が発達する。

□発育急進期は２度あり，02＿＿＿＿発育急進期は思春期に当たる。この時期には，女性の03＿＿＿＿や男性の精巣などの04＿＿＿＿が急速に発育する。

□思春期には，やせるための無理な05＿＿＿＿などはせず，運動やバランスのよい06＿＿＿＿，休養・睡眠など，毎日の生活を健康的なものにすることで，体をよりいっそう発育・発達させることができる。

身長や体重の発育の仕方

呼吸器・循環器の発達

□呼吸器：鼻（口），のど，気管，気管支，肺などからなる。呼吸器の発達は，呼吸数の07＿＿＿＿や，肺活量の08＿＿＿＿によって知ることができる。

□循環器：心臓，動脈，静脈，毛細血管など。循環器の発達は，脈拍数の09＿＿＿＿や拍出量の10＿＿＿＿によって知ることができる。

□「少しきつい」と感じる程度の適切な11＿＿＿＿を行うことは，呼吸器・循環器の機能を発達させることにつながる。

生殖機能の成熟

□思春期になると，脳の12＿＿＿＿から性腺刺激ホルモンが分泌されるようになり，13＿＿＿＿器の機能が発達する。

□女子は，発達した卵巣の中で14＿＿＿＿が成熟するようになり，15＿＿＿＿ホルモンの分泌が活発になる。男子は，発達した精巣の中で16＿＿＿＿がつくられるようになり，17＿＿＿＿ホルモンの分泌が活発になる。

□女性ホルモン，男性ホルモンの分泌の結果，男女の体つきにそれぞれ特徴的な変化が現れたり，月経や射精が起こったりする。

□18＿＿＿＿：卵巣の中で成熟した卵子が，周期的に卵巣の外へ出されること。

□19＿＿＿＿：排卵に合わせて充血し厚くなった20＿＿＿＿が，排卵が終わってしばらくたった後，はがれて体外に出されること。約4週間に1回ずつ繰り返される。

□21＿＿＿＿：精巣でつくられた精子と，精のうや前立腺から出る分泌液が混ざったもの。

□22＿＿＿＿：精液が23＿＿＿＿を通って体外に射出されること。

女子の生殖器

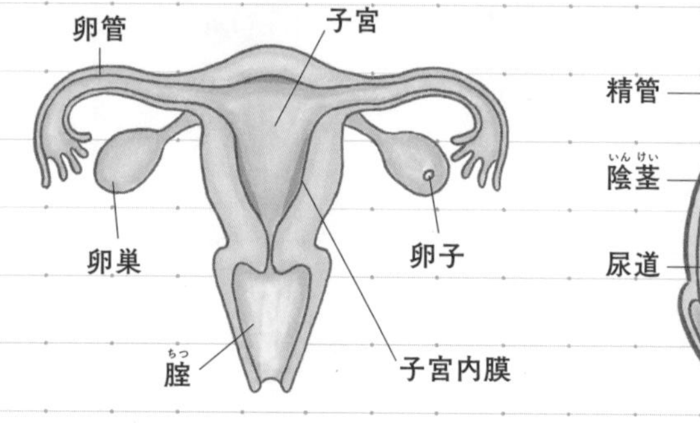

男子の生殖器

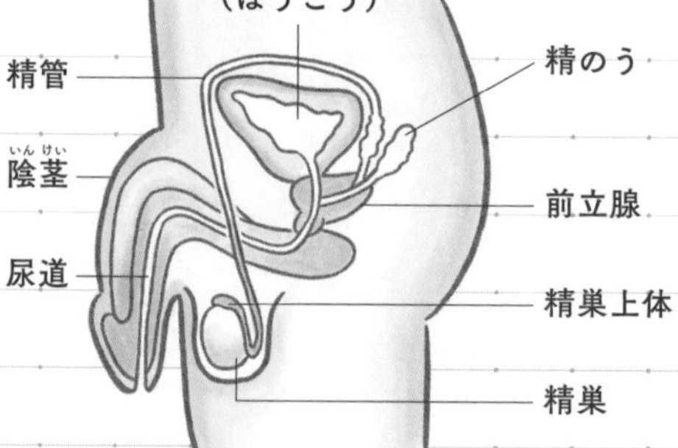

受精と妊娠

□24＿＿＿＿：排卵された卵子が25＿＿＿＿に入り，子宮のほうへと運ばれる途中で精子と合体すること。精子と合体した卵子は受精卵となる。

□着床：受精卵が子宮へと移動し，子宮内膜に潜り込むこと。

□妊娠：着床してから赤ちゃんが生まれるまでの，女性の体内に胎児が宿っている状態。

THEME 保健 # 心の発育・発達

心の発達

□心は，大脳で営まれている知的機能，情意機能，社会性などの働きが関わり合って成り立っている。

□01 ＿＿＿＿＿＿：言葉を使う，記憶(きおく)する，理解する，考える，判断するなどの働き。

□02 ＿＿＿＿＿＿：うれしい，悲しい，楽しい，腹立たしいなどの気持ち（感情），何かをしようとするときの気持ち（意思）など。

□03 ＿＿＿＿＿＿：自主性，協調性，責任感など，社会生活をしていくために必要な態度や行動の方法。

□思春期になると，大人に保護され，無意識のうちに04 ＿＿＿＿＿＿していた状態から抜(ぬ)け出して，自立しようとするようになる。

情意機能を発達させる経験の例

・人間関係の深まり
・達成感や充実(じゅうじつ)感
・感動体験 など

社会性の例

・自ら進んで物事に取り組む。
・集団の中で協調して行動する。
・自分の役割を果たす。
・相手を理解し，思いやる。
・ルールやマナーを守る。

自己形成

□05 ＿＿＿＿＿＿：自分らしい考え方や行動の方法がつくられていくこと。

□自己形成は，さまざまな場面を経験し，考え，学び，悩み，成功や失敗を繰り返しながら進んでいく。

欲求と欲求不満

□中学生の時期は，心や06　　　　の変化，環境や07　　　　関係の変化によって，欲求不満やストレスを感じることが多くなる。

□08　　　　：何かが欲しい，何かしたいなどの気持ち。人からよく思われたい，あるものが欲しいなど。

□09　　　　：欲求が満たされずに不満を感じること。

□人に迷惑をかけない欲求の場合は，欲求の実現に向けて努力するのがよい。自分勝手な欲求や実現がかなり難しい欲求の場合は，気持ちを10　　　　たり，11　　　　したりしなければならないこともある。

欲求不満が起こったときに見られる行動の例

・欲求実現のために努力する。

・他人のせいにする。

・現実から逃げる。

ストレスへの対処

□12　　　　：周りからさまざまな刺激を受けて，心身に負担がかかった状態。

□13　　　　：ストレスの原因となる刺激。

□ストレスは心身を発達させるうえで必要だが，ストレスが大きすぎたり，14　　　　続いたりすると，心身に15　　　　を及ぼすことがある。

□ストレスへの対処：原因を考えて16　　　　に向けて対処する，原因についての受け止め方を見直す，友達や周囲の大人などの信頼できる相手に17　　　　する，などがある。また，上手なコミュニケーションの方法を身につけたり，規則正しい生活を送ったり，息抜きやくつろぎなどの18　　　　の方法を身につけたりすることも，心身への負担を軽くするうえで効果がある。

Date

THEME 保健 **傷害の防止**

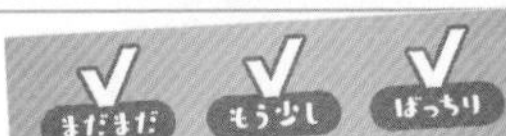

傷害の原因と防止

□傷害は，危険な行動や不安定な心身の状態など，人が関係する 01 ＿＿＿＿ 要因と，危険なもの，場所や状況（じょうきょう），自然の悪条件などの 02 ＿＿＿＿ 要因が関わり合って起こる。

□傷害は，人的要因に対しては危険 03 ＿＿＿＿ ・危険回避（かいひ）の能力を身につけることで，また環境（かんきょう）要因に対しては物や場所が危険な状態でないか 04 ＿＿＿＿ したり，整備・改善したりすることで防ぐことができる。

交通事故

□交通事故は，危険な行動などの 05 ＿＿＿＿ 要因，よくない道路の状況などの 06 ＿＿＿＿ 要因，車両の欠陥（けっかん）や整備不良などの 07 ＿＿＿＿ 要因が関わり合って起こる。

□交通事故を防ぐためには，交通 08 ＿＿＿＿ を守って安全に行動すること，信号機や道路標識の設置などの交通環境の 09 ＿＿＿＿ ，乗車する前に車両の点検・整備をすることが大切である。

交通事故の要因の例

人的要因	・危険な行動（飛び出し，信号無視など） ・不安定な心身の状態（焦（あせ）っている，心配事がある，睡眠（すいみん）不足など） ・規則を守る態度の欠如（けつじょ）（「これくらいいいだろう」など） ・危険を予測する能力の不足
環境要因	・道路の状況がよくない場所（交差点，狭（せま）い道路など） ・安全施設（しせつ）の不備（歩道やガードレールがないなど） ・自然の悪条件（雨，雪，夕暮れ，夜など）
車両要因	・車両の欠陥や整備不良（ブレーキが効かないなど） ・車両の特性（内輪差，死角，停止距離（きょり）など）

犯罪被害の防止

□犯罪被害（ひがい）を防ぐためには，危険を 10 ＿＿＿＿ し，犯罪が起こりやすい場所に近づかない，危険が迫った場合には逃げるなどの危険を 11 ＿＿＿＿ する行動が有効になる。

□犯罪被害による傷害を防ぐためには，自分の身は 12 ＿＿＿＿ で守るという意識を持つとともに，地域の住民，自治体，警察などが連携（れんけい）して 13 ＿＿＿＿ 対策に取り組むことが大切である。

THEME 傷害の防止

自然災害

- □自然災害：地震や特に風の強い熱帯低気圧である14＿＿＿＿，大雨，大雪など。
- □地震は建物の倒壊や家具の15＿＿＿＿，器物の落下などの16＿＿＿＿災害を引き起こす。また，地震に伴って起こる大きな波である17＿＿＿＿や土砂崩れ，地割れ，火災などによる18＿＿＿＿災害が被害を大きくすることもある。
- □自然災害による被害を防止するためには，19＿＿＿＿する場所や経路を確認するなど，日頃からの備えが大切になる。
- □自然災害が発生したときには，20＿＿＿＿地震速報や気象警報などの災害情報を，テレビやラジオ，インターネットなどで正確に把握する必要がある。また，状況を正確に判断し，自分や周りの人の安全の21＿＿＿＿のために，落ち着いて，素早く行動することが必要になる。

応急手当

- □応急手当：傷病者がいるとき，その場に居合わせた人が，傷病者の状態と周囲の状況を観察し，適切な22＿＿＿＿や通報をすること。
- □傷病者を発見した場合は，まず23＿＿＿＿な場所か，十分に応急手当が行える場所かなどを確認し，必要があれば24＿＿＿＿する。そして，呼びかけなどに対する傷病者の25＿＿＿＿を確認する。
- □反応がなければ，助けを求め，119番に26＿＿＿＿をする。その後，27＿＿＿＿圧迫を行い，近くに28＿＿＿＿（自動体外式除細動器）がある場合は，それを用いた手当を行うといった29＿＿＿＿を行う。
- □出血が多い場合には，30＿＿＿＿止血法による止血を行う。骨折が疑われる場合には，患部を動かさないように31＿＿＿＿する。

➔応急手当の一般的な流れ

傷病者を発見
↓
安全の確認
- 必要があれば移動する。
- 近づけなければ119番通報する。

↓
反応の確認 → 反応あり → 安静・観察
- けがある場合はその応急手当。
- 必要に応じて119番通報する。

↓ 反応なし
助けを求め，119番通報，AED依頼
↓
心肺蘇生の実施　胸骨圧迫→AEDを用いた手当

THEME 保健

健康と環境

環境の変化と適応能力

□ 適応：環境が 01 ＿＿＿＿ したとき，体の 02 ＿＿＿＿ 機能を働かせて対応しようとすること。

□ 03 ＿＿＿＿：適応しようとするはたらき。

□ 04 ＿＿＿＿ 温度：暑くも寒くもなく，活動するのに最も適した温度の範囲。個人差があり，季節や着ている 05 ＿＿＿＿ の状態，活動の種類などによって異なる。

□ 学習や作業をするときは，それらの種類に応じた 06 ＿＿＿＿ な明るさが必要になる。

□ 呼吸や物が燃えることなどによって発生する 07 ＿＿＿＿ の濃度は，空気の汚れを知る 08 ＿＿＿＿（手がかり）となる。

□ 物が不完全燃焼したときに発生する 09 ＿＿＿＿ が体内に入ると，中毒を起こし，ひどいときには死亡することがある。

□ 室内の空気をきれいに保つためには，空気を入れ換える 10 ＿＿＿＿ が必要である。

➡ 望ましい気温などの範囲（教室）

➡ 一酸化炭素濃度と体への影響

濃度（%）	吸入時間と影響
0.02	2～3時間で軽い前頭部の頭痛
0.04	1～2時間で前頭部の頭痛，吐き気 2.5～3.5時間で後頭部の頭痛
0.08	45分間で頭痛，めまい，けいれん 2時間で失神
0.16	20分間で頭痛，めまい 2時間で死亡
0.32	5～10分間で頭痛，めまい 30分間で死亡
0.64	1～2分間で頭痛，めまい 15～30分間で死亡
1.28	1～3分間で死亡

水の役割と飲料水の確保

□ 人間が生命を維持するためには，1日当たり，11 ＿＿＿＿ ～ 12 ＿＿＿＿ Lの水分が必要である。

□ 水は飲料用，家庭の洗濯，入浴，炊事，水洗トイレなどに使われる 13 ＿＿＿＿ 用水，病院や公園などで使われる 14 ＿＿＿＿ 用水，農業や工業などで使われる 15 ＿＿＿＿ 用水などとして利用されている。

□ 日本でおもに利用されている上水道の水は，浄水場でごみや病気を引き起こす可能性がある生物である 16 ＿＿＿＿ などの除去，17 ＿＿＿＿ 消毒などを行い，水質検査で水質 18 ＿＿＿＿ を満たしたうえで供給されている。

生活排水とごみの処理

- □ 19 ＿＿＿＿＿＿：水洗トイレから出されるし尿を含んだ水と，台所から出される生活雑排水。
- □ 20 ＿＿＿＿＿＿水は，下水道が完備されている地域では 21 ＿＿＿＿＿＿で処理され，下水道が完備されていない地域では 22 ＿＿＿＿＿＿によって処理されている。水洗化されていない家庭の多くでは，直接収集され，23 ＿＿＿＿＿＿で処理される。
- □ 24 ＿＿＿＿＿＿水は，下水道が完備されている地域では下水処理場で処理されている。完備されていない一部の地域では，25 ＿＿＿＿＿＿されないまま川や 26 ＿＿＿＿＿＿などに流されている。
- □ 今後は，下水道の整備とともに，生活排水を処理できる合併処理浄化槽の整備などが望まれている。
- □ ごみは，市町村や住民団体などによって集められ，資源化，再利用，27 ＿＿＿＿＿＿（燃やすこと），28 ＿＿＿＿＿＿（土を被せて埋めること）などの方法で処理されている。
- □ ごみによる健康問題や環境問題，資源の枯渇などを改善するために，資源利用の減量やごみの発生抑制（29 ＿＿＿＿＿＿），再使用（30 ＿＿＿＿＿＿），再生利用（31 ＿＿＿＿＿＿）を合わせた 32 ＿＿＿＿＿＿が推進され，成果が現れている。
- □ 現在は，資源を有効に使う 33 ＿＿＿＿＿＿型社会を目指していくことが求められている。

➜ 3Rの取り組み

リデュース（Reduce）	リユース（Reuse）	リサイクル（Recycle）
使う資源やごみの量を減らす。 ・マイバッグで買い物する。 ・詰め替え製品を使う。	物を繰り返し使う。 ・修理して使う。 ・不必要な物を捨てずに必要な人に譲る。	使い終わった物を資源として再び利用する。 ・資源回収に出す。 ・リサイクル製品を使う。

環境の汚染と保全

- □ 日本では，1950年代ごろから，工場などから大量の汚染物質が出されたことで，34 ＿＿＿＿＿＿による被害が問題になった。
- □ 環境基本法：より総合的，計画的に 35 ＿＿＿＿＿＿の保全に取り組むための法律。

保健体育の解答

体育

P.69 体つくり運動

01 筋肉　02 柔軟（じゅうなん）　03 走る　04 負荷　05 時間　06 心肺

P.70 マット運動

01 回転　02 巧技（こうぎ）　03 開脚前転（かいきゃく）　04 開脚後転　05 頭倒立（とうりつ）　06 倒立

P.71 鉄棒運動・平均台運動

01 支持　02 懸垂（けんすい）　03 前方支持回転　04 後ろ振（ふ）り跳（と）び下り

05 順手　06 逆手　07 歩走　08 跳躍（ちょうやく）　09 ポーズ　10 ターン　11 前方歩

P.72 跳び箱運動

01 前　02 上　03 膝（ひざ）　04 手　05 額　06 腰　07 腰

P.73 短距離走・リレー

01 クラウチング　02 ピッチ　03 狭（せま）　04 ストライド　05 テークオーバー

06 オーバー　07 アンダー

P.74 長距離走・ハードル走

01 スタンディング　02 1　03 振り上げ　04 抜（ぬ）き　05 ハードリング

06 インターバル

P.75 走り幅跳び／走り高跳び

01 かがみ　02 そり　03 はさみ　04 外　05 助走　06 近　07 助走

08 踏（ふ）み切り　09 はさみ　10 背面　11 広げ　12 遠

P.77 水泳

01 背泳ぎ　02 平泳ぎ　03 バタフライ　04 自由形　05 股（こ）　06 後

07 裏　08 前　09 甲（こう）　10 股　11 小　12 曲げ　13 前　14 親　15 甲

16 一部　17 背泳ぎ　18 クロール（※ 17・18 は順不同）

P.79 バスケットボール／ハンドボール

01 セット　02 ジャンプ　03 ランニング　04 チェスト　05 ショルダー

06 パーソナル　07 テクニカル　08 バイオレーション　09 バウンド

10 ジャンプ　11 高　12 低　13 ショルダー　14 スローイン

15 フリースロー　16 ダブルドリブル　17 ホールディング

保健体育の解答

P.81 サッカー／バレーボール

01 アウト　02 インサイド　03 インステップ　04 ヘディング
05 キャッチング　06 オフサイド　07 オフサイド　08 間接フリー
09 直接フリー　10 プッシュ　11 ブロック　12 オーバー　13 アンダー
14 アンダー　15 スパイク　16 オーバーネット　17 エンド　18 サイド
19 キャッチ　20 ダブルコンタクト

P.83 卓球／ソフトテニス

01 ミス　02 上　03 下　04 シェークハンド　05 ペンホルダー　06 カット
07 スマッシュ　08 ドライブ　09 いない　10 16　11 落下　12 ネット
13 レット　14 ボレー　15 フラット　16 ウエスタン　17 イースタン
18 ロビング　19 スマッシュ　20 フォールト　21 サイド　22 センター　23 ベース

P.85 バドミントン／ソフトボール

01 オーバーヘッド　02 ロングハイ　03 アンダーハンドストローク
04 プッシュ　05 ショート　06 2　07 ネット　08 得点　09 盗塁　10 バッティング
11 スリングショット　12 ウインドミル　13 三振　14 バント

P.87 柔道・剣道／相撲・ダンス

01 投げ　02 固め　03 2　04 20　05 大腰　06 膝車　07 打突　08 一本
09 三　10 二　11 面打ち　12 小手打ち　13 胴打ち　14 押し　15 寄り
16 前さばき　17 押っつけ　18 いなし　19 上手　20 下手　21 低　22 強
23 バルソビアナ　24 オープン　25 クローズド　26 プロムナード

P.89 体育理論

01 自然　02 交流　03 体力　04 健康　05 行う　06 見る　07 支える
08 知る　09 インターネット　10 体　11 体力　12 生活習慣　13 ストレス
14 社会　15 技術　16 戦術

P.91 体育理論／さまざまなスポーツ

01 スポーツ基本　02 スポーツ基本　03 スポーツ推進　04 オリンピック
05 パラリンピック　06 世界平和　07 団結　08 国　09 ルール　10 ユニバーサル
11 ブラインド　12 シッティング

No.

Date

保健体育の解答

P.93-102 HEALTH AND PHYSICAL EDUCATION ◎ ANS.

保健

P.93 健康的な生活

01 素因　02 性（性別）　03 食事　04 睡眠　05 物理・化学　06 温度

07 生物学　08 ウイルス　09 社会　10 肥満　11 動脈硬化　12 生活習慣

13 減少　14 エネルギー　15 運動　16 過多　17 栄養　18 リズム

19 抵抗　20 感染症　21 高血圧　22 脳卒中　23 入浴　24 栄養

25 疲労（疲れ）　26 抵抗　27 安定

P.95 生活習慣病の予防／がんの予防

01 高血圧症　02 がん　03 食　04 運動　05 喫煙　06 動物性　07 運動

08 塩分　09 エネルギー　10 肥満　11 歯垢　12 歯肉　13 遺伝子　14 がん

15 喫煙　16 飲酒　17 食　18 運動　19 除菌　20 早期発見　21 早期治療

P.97 喫煙・飲酒・薬物乱用と健康

01 主流煙　02 副流煙　03 受動喫煙　04 タール　05 ニコチン

06 脳卒中　07 依存　08 早い　09 アルコール（エチルアルコール）　10 運動

11 急性　12 アルコール依存　13 日常　14 がん　15 目的　16 不正

17 人格　18 覚醒　19 大麻　20 脳　21 依存　22 妄想　23 社会

24 誘い（誘惑）　25 入手　26 意思　27 広告　28 年齢

P.99 感染症の予防

01 病原体　02 湿度　03 人口密度　04 抵抗　05 新型コロナ

06 感染源　07 早期　08 駆除　09 消毒　10 感染経路　11 手洗い

12 マスク　13 閉鎖　14 抵抗力　15 免疫　16 予防接種

17 抗体　18 性的　19 若い（若者）　20 治療　21 母子感染

22 潜伏　23 コンドーム　24 治療　25 HIV　26 免疫

27 後天性免疫不全症候群　28 無症状　29 低下

P.101 体の発育・発達

01 体重　02 第 2　03 卵巣　04 生殖器　05 ダイエット

06 食事　07 減少（低下）　08 増大（増加）　09 減少（低下）

10 増大（増加）　11 運動　12 下垂体　13 生殖　14 卵子　15 女性

16 精子　17 男性　18 排卵　19 月経　20 子宮内膜　21 精液

22 射精　23 尿道　24 受精　25 卵管

保健体育の解答

P.103 心の発育・発達

01 知的機能 02 情意機能 03 社会性 04 依存 05 自己形成 06 体

07 人間 08 欲求 09 欲求不満 10 切り替え 11 我慢 12 ストレス

13 ストレッサー 14 長く（長期間） 15 悪影響 16 解決 17 相談 18 リラクセーション

P.105 傷害の防止

01 人的 02 環境 03 予測 04 点検 05 人的 06 環境 07 車両

08 法規 09 整備 10 予測 11 回避 12 自分 13 防犯 14 台風

15 転倒 16 一次 17 津波 18 二次 19 避難 20 緊急 21 確保

22 手当 23 安全 24 移動 25 反応 26 通報 27 胸骨 28 AED

29 心肺蘇生 30 直接圧迫 31 固定

P.107 健康と環境

01 変化 02 調節 03 適応能力 04 至適 05 衣服 06 適切

07 二酸化炭素 08 指標 09 一酸化炭素 10 換気 11 2 12 2.5

13 生活 14 公共 15 産業 16 細菌 17 塩素 18 基準 19 生活排水

20 し尿を含んだ 21 下水処理場 22 浄化槽 23 し尿処理施設

24 生活雑排 25 処理 26 海 27 焼却 28 埋め立て

29 リデュース（Reduce） 30 リユース（Reuse） 31 リサイクル（Recycle） 32 3R 33 循環

34 公害 35 環境

THE
LOOSE-LEAF
STUDY GUIDE
実技
FOR JHS STUDENTS

中学
実技

技術・家庭

TECHNOLOGY AND
HOME ECONOMICS

A LOOSE-LEAF COLLECTION
FOR A COMPLETE REVIEW
OF THE SKILL-FOCUSED SUBJECT AREAS
GAKKEN PLUS

学習内容

技術	学習日	テスト日程
1 木材・金属・プラスチックの性質		
2 使いやすい製品とその制作		
3 けがきと切断		
4 切削と加工		
5 組み立てと仕上げ		
6 生物の育成		
7 植物の栽培		
8 エネルギーと電気		
9 動きの伝達・保守点検		
10 情報の処理技術・ネットワーク		
11 情報と安全・プログラミング		

家庭科	学習日	テスト日程
12 食事と栄養		
13 食品の選択・購入・保存		
14 食事の調理		
15 食文化・食生活		
16 衣服のある暮らし		
17 布の取り扱い方		
18 私たちの住生活		
19 消費生活としくみ		
20 家族・家庭や地域との関わり		
21 幼児との関わり		

TO DO LIST

やることをリストにしよう！ 重要度を☆で示し，できたら□に印をつけよう。

□☆☆☆ □☆☆☆
□☆☆☆ □☆☆☆
□☆☆☆ □☆☆☆
□☆☆☆ □☆☆☆

THEME 技術 木材・金属・プラスチックの性質

まだまだ　もう少し　ばっちり

木材の特徴

- □ 軽くて加工しやすく，丈夫(じょうぶ)である。
- □ 木目があり，肌触(はだざわ)りがよい。
- □ 熱や 01 ＿＿＿＿ を伝えにくい。
- □ 燃えやすく，腐(くさ)ることがある。

□ 木材の種類と特徴(とくちょう)

針葉樹材	広葉樹材
・軽くてやわらかいものが多い。	・いろいろな重さのものがある。
・主に建築材(けんちくざい)などに使われる。	・主に家具材などに使われる。
・スギ，ヒノキ，アカマツ　など	・キリ，ブナ，シラカシ　など

木材の強さ

□ 木材は，木の繊維(せんい)方向に力が加わると，割れやすいが，繊維方向と 02 ＿＿＿＿ 方向に力が加わると，強さは約10倍になる。

▼力が繊維方向

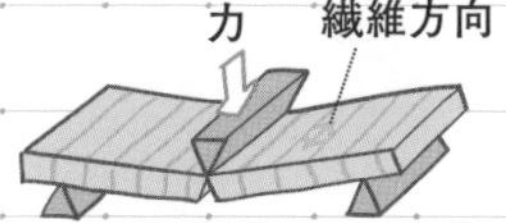

▼力が繊維方向と直角方向

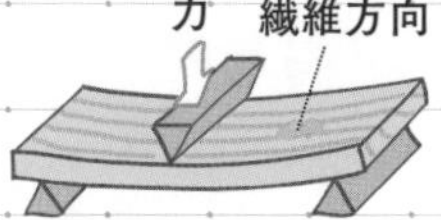

木材の断面

□ 木材は，木の切り出し方で，03 ＿＿＿＿（板目板(いためいた)）と 04 ＿＿＿＿（まさ目板）ができる。

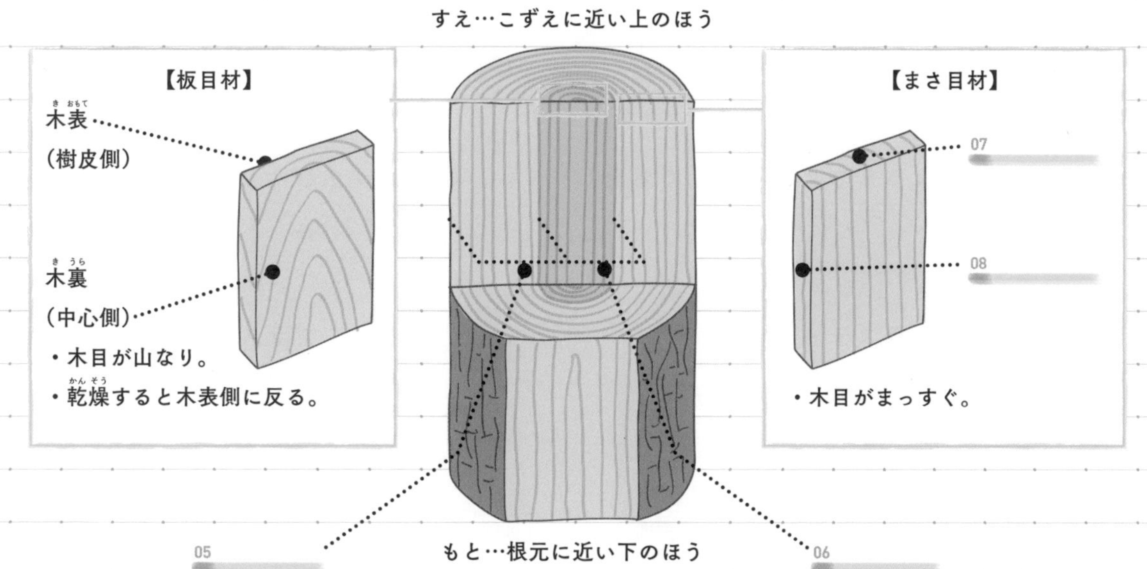

THEME 木材・金属・プラスチックの性質

金属の特徴

09 性	塑性	10 性	11 性
外部からの力を加えても，変形が小さい間は，力を除くと元の形に戻る性質。	外部から大きな力を加えると，力を除いても，元の形に戻らない性質。	たたくなどの力を加えると，薄く広がる性質。	引っ張るなどの力を加えると，細長く延びる性質。

- 重くて丈夫である。
- 材質は均一で，触ると冷たく感じる。
- 熱や電気を伝えやすい。
- 熱で溶ける（溶融性）。さびるものもある。

金属（合金）の種類と特徴

合金	鋼	12	アルミニウム合金
特徴	・鉄に炭素を加えたもの。 ・硬くて強い。	・鉄にクロムとニッケルを加えたもの。 ・さびにくい。	・アルミニウムに銅とマグネシウムを加えたもの。 ・軽くて強い。
使用例	のこぎり，橋梁	食器，流し台	飛行機，アルミ缶

プラスチックの特徴

- 軽くて丈夫である。
- 材質は均一だが，硬さや色など様々な種類がある。
- 熱や電気を伝えにくい。
- 熱でやわらかくなるものがあり，光で変色しやすい。腐ったりさびたりしない。

プラスチックの種類と特徴

- 13 プラスチック

熱を加えるとまたやわらかくなる。

- 14 プラスチック

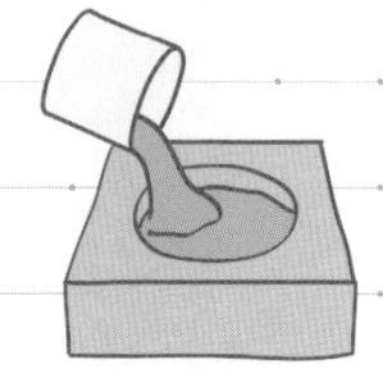

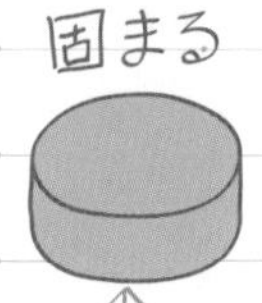

一度固めると熱を加えてもやわらかくならない。

- プラスチックは，型を使って形作りができるので，大量生産が可能。

THEME 技術

使いやすい製品とその制作

丈夫な製品

□製品を作るときは，使用する目的に合った機能を持たせるだけでなく，丈夫な製品にすることが大切である。

□製品を丈夫にする方法には，製品の構造を丈夫にする方法と，部材を丈夫にする方法がある。

丈夫な構造にする方法

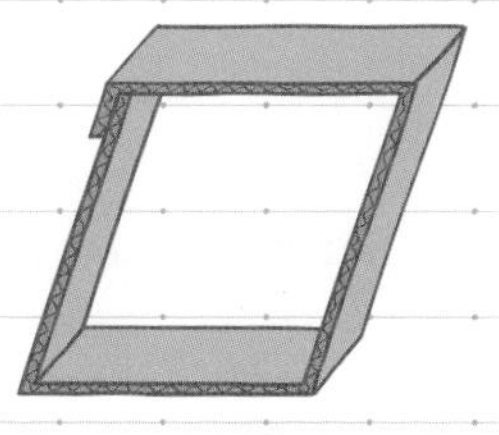

このままだと横からの力に弱い。

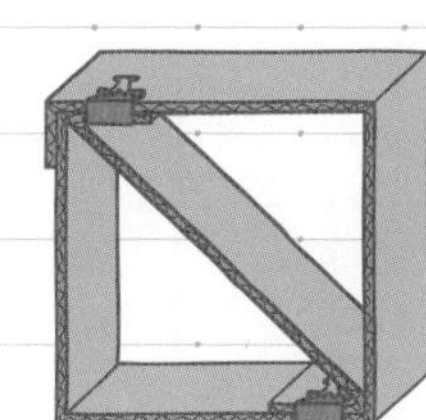

□01 ＿＿＿＿＿を入れて，02 ＿＿＿＿＿の構造にする。丈夫にできるが，空間を塞がれる。

補強

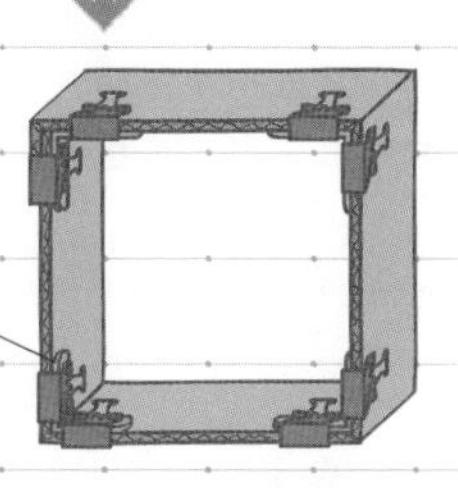

□補強金具などで，接合部を03 ＿＿＿＿＿する。金具が止まる太い部材が必要だが，内部空間を使える。

補強

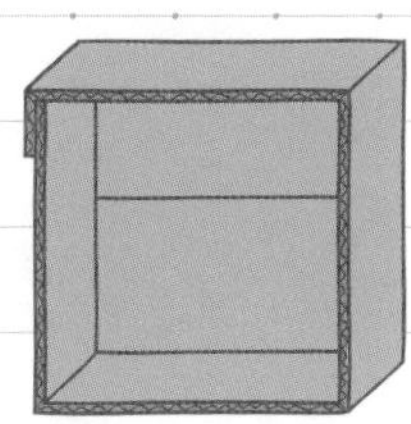

□面を板で固定し，04 ＿＿＿＿＿にする。補強の効果は大きいが，材料をたくさん使う。

部材を強くする方法

□部材の幅や05 ＿＿＿＿＿を変える。

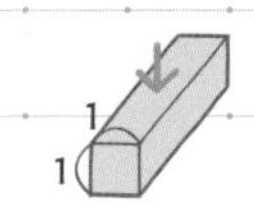

幅 2倍 / 高さ 2倍

曲げ強さ　1　：　2　：　4

曲げに対する強さは，幅と，高さの2乗に比例する。

□部材の06 ＿＿＿＿＿の形状を変える。

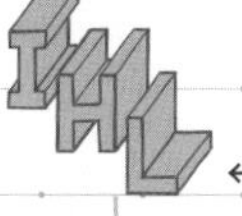

←金属板　←鉄骨

断面の高さが高くなるように工夫している。

□強い材料を使う。

THEME **使いやすい製品とその制作**

製図方法

□ 07 ＿＿＿＿＿：立体の 08 ＿＿＿＿＿ の形を表すのに適している。

120°
120°
120°
30°
30°

各辺の長さ→すべて実物と同じ割合の長さ。

立体の底面の直交する２辺→水平線に対して30°傾(かたむ)ける。

□ 09 ＿＿＿＿＿：立体の 10 ＿＿＿＿＿ の形を正確に表すのに適している。

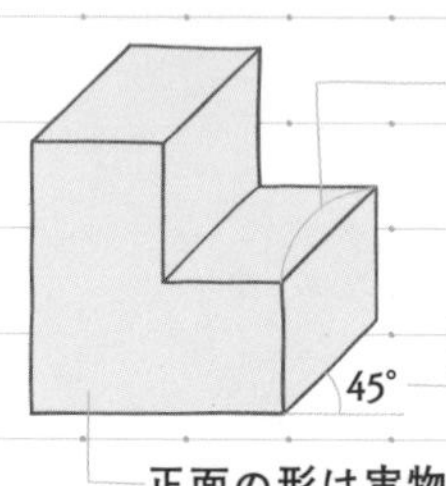

奥行(おくゆ)きの辺の長さ→実際の長さの $\frac{1}{2}$ の割合。

奥行きの辺→45°傾ける。

正面の形は実物と同じ形にする。

□第三角法による 11 ＿＿＿＿＿：部品の正確な形や接合方法などを表すことができる。

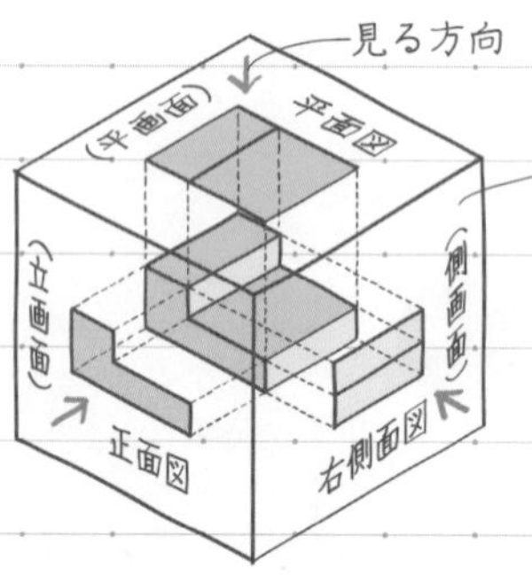

立体の手前に透明(とうめい)な３つの画面を置き，各画面の正面の方向から見た形をそのまま画面に映したと考えて描(か)く。

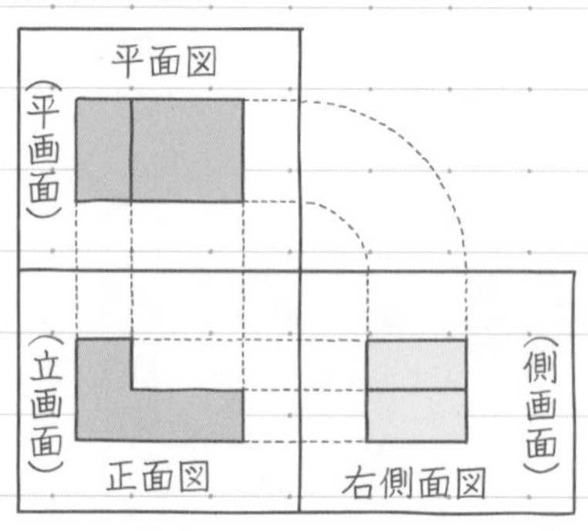

□ 寸法補助記号や加工寸法の表し方

半径	厚さ	直径
R(アール)	t(ティー)	Φ(マル)
半径7mm　R7　t5	7　5　厚さ5mm	Φ5　5　直径5mm
正方形の辺	穴の加工寸法	面取り
□(カク)		C(シー)
□10　10　10 10 mm 四方の正方形	2×4 キリ　4 キリ↧6　直径4 mm のドリル　穴の深さ 6 mm 直径4mmのドリルで通し穴を2つあけることを示す。	C1　1　1 45°で 1 mm の長さの面取り

THEME 技術 # けがきと切断

まだまだ　もう少し　ばっちり

けがき

□材料に，切断や組み立ての際に必要な線や印を入れることを 01 ＿＿＿＿ という。

□ 木材へのけがき

①02 ＿＿＿＿ の長手で部品の長さ方向の寸法を測り，印を付ける。

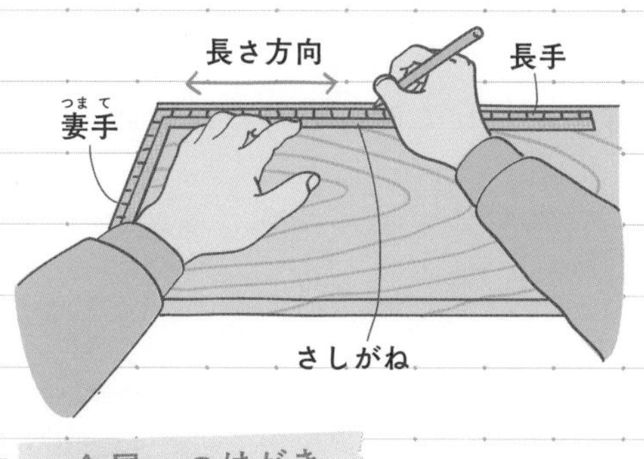

②さしがねの長手の内側を基準面に密着させ，基準面と直角な線を引く。このとき，鉛筆の 03 ＿＿＿＿ がさしがねの下側に当たるようにする。

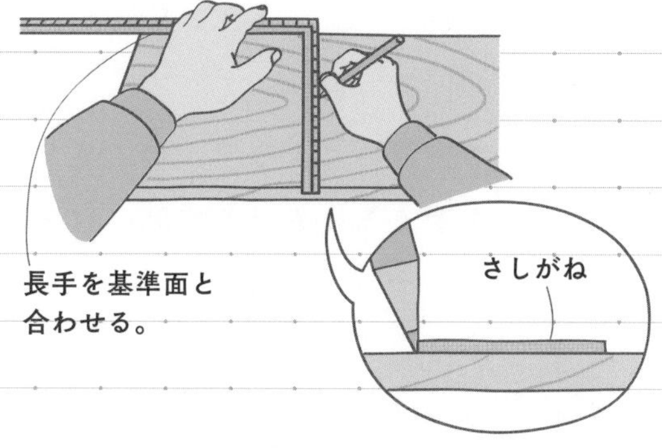

□ 金属へのけがき

直線のけがき

直定規や鋼尺に 04 ＿＿＿＿ の先端を密着させてけがく。

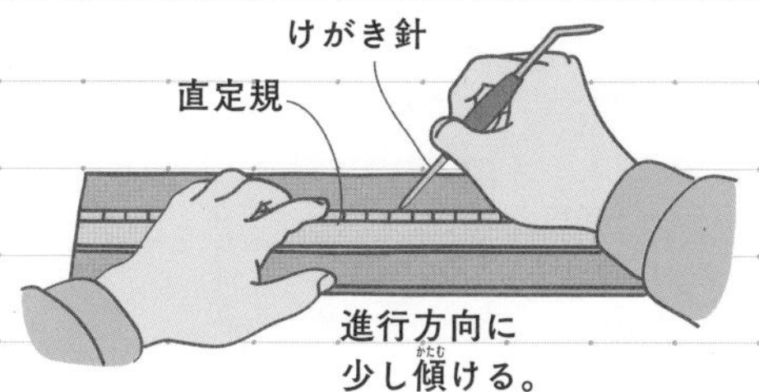

穴や円の中心のけがき

05 ＿＿＿＿ の先を，穴や円の中心に当て，06 ＿＿＿＿ で軽くたたく。

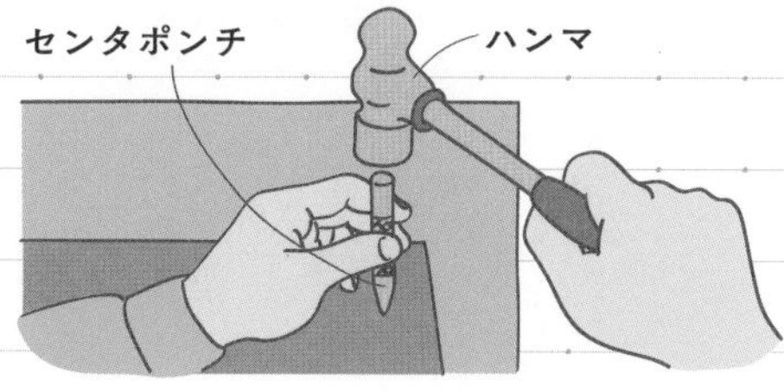

□ プラスチックへのけがき

保護紙が貼ってあるときは，鉛筆で上からけがく。保護紙がない場合は，油性ペンでけがくか，ラベルシールを貼ってからけがく。

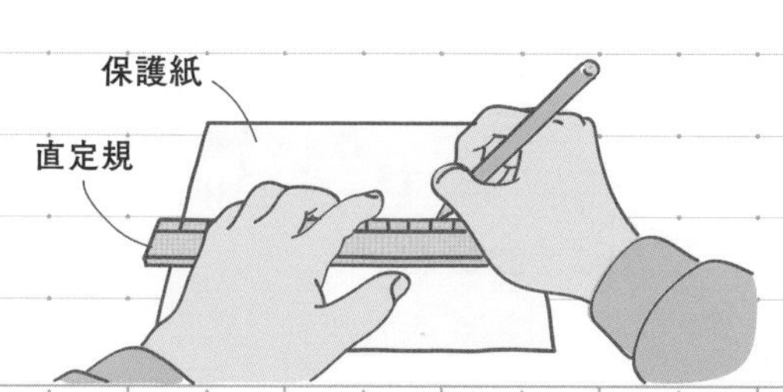

切断

□ 両刃のこぎりのつくり

のこ身 / 刃わたり / 柄 / もと / 先 / 柄じり / 柄がしら

07 ＿＿＿＿ びき用の刃

：繊維方向に対して平行に切断する。

➡ のこ刃は左右に振り分けられていて，これを 08 ＿＿＿＿ という。あさりがあると，のこ身と材料の間にすきまができて，摩擦が小さくなり，切りやすくなる。

のこ身 / あさり / 材料 / あさり幅

09 ＿＿＿＿ びき用の刃

：繊維方向に対して直角や斜めに切断する。

□ 木材の切断

木材のかたさや厚さによって，のこぎりの引き込み角度を変える。かたくて厚いほど角度を 10 ＿＿＿＿ する。

角度小 15°～30°

▲やわらかい材料や薄い材料

角度大 30°～45°

▲かたい材料や厚い材料

□ 金属の切断

薄い板は 11 ＿＿＿＿ を，棒材は 12 ＿＿＿＿ を使う。弓のこは両刃のこぎりとは逆に，押したときに切れるように刃を付ける。

切り進んだら材料を上に引き上げる。 / 刃の中ほどを使って切る。 / 金切りばさみ

▲金属の薄板の切断方法

弓のこ / 押す向き / のこ刃の向きに注意！ / 押したときに切れる！ / 万力

▲金属の棒材の切断方法

□ プラスチックの切断

薄板は 13 ＿＿＿＿ を使う。

カッタで板の厚さの$\frac{1}{3}$程度の溝をつける。 ⇨

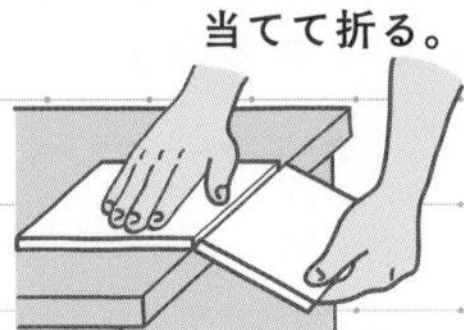

⇨

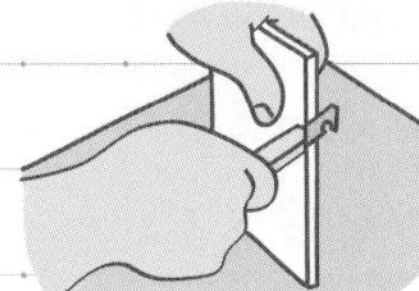

THEME 技術 # 切削と加工

切削

□切断した材料の表面をきれいにし，寸法を調整するため，木材は 01 ＿＿＿＿ ややすり，金属やプラスチックは 02 ＿＿＿＿ などを使って削(けず)る。

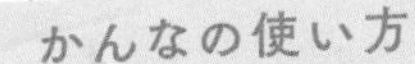

□ かんなの使い方

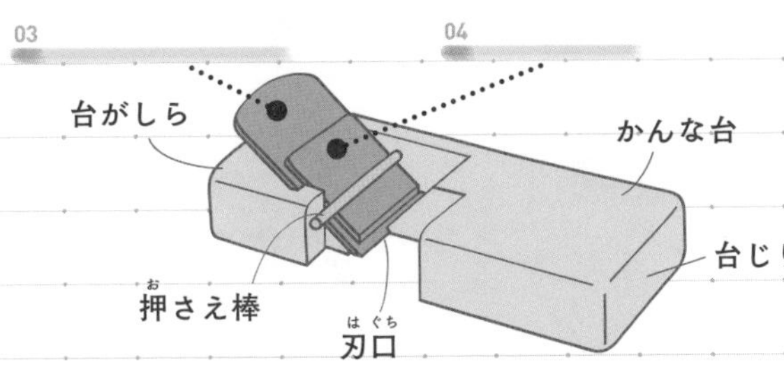

刃先の出を見ながらかんな身をたたく。

裏金(うらがね)のかしらを垂直にたたく。

刃先の出(0.05～0.1mm)※

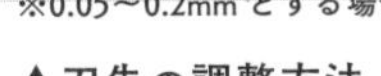

※0.05～0.2mm とする場合もある。

▲刃先の調整方法

かんな身 0.1～0.2mm 刃先 裏金

▲裏金の調整方法

かんながけ(かんな削り)

□木の繊維(せんい)に沿った 05 ＿＿＿＿ 削りになるようにする。

木表側

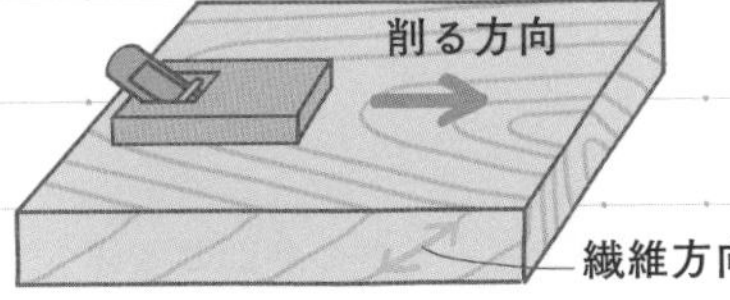

木裏側

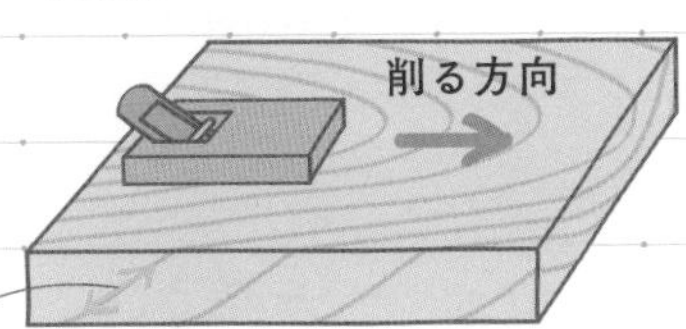

□さか目で削るときは，06 ＿＿＿＿ を調整する。

□こぐちは割れやすいので，①はじめに端(はし)から $\frac{2}{3}$ ほど削り，②裏返して逆向きに残りの $\frac{1}{3}$ を削る。

木材 ① ②

▲こぐち削りの順序

□ やすりがけ

材料を水平に固定し，力を入れて削る。

07 ＿＿＿＿ 法

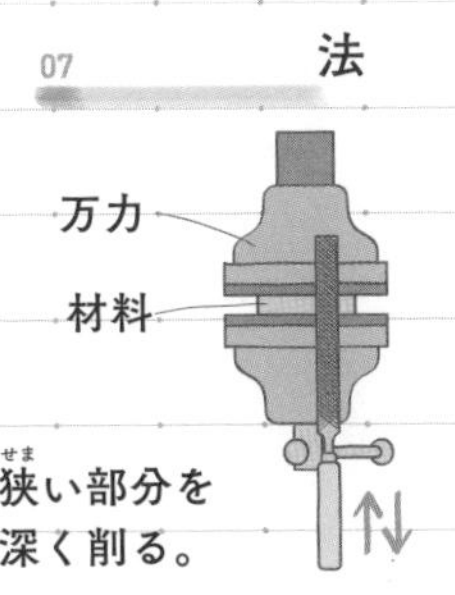

08 ＿＿＿＿ 法

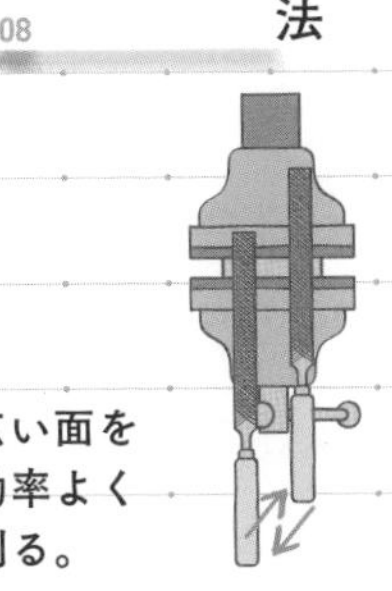

目通し

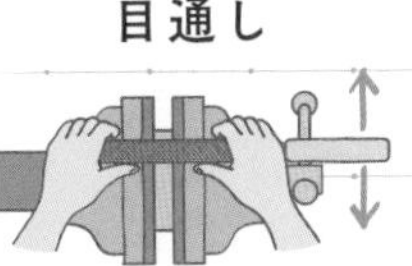

傷を消して美しい仕上げ面にする。

THEME 切削と加工

折り曲げ加工

□金属や熱可塑性プラスチックは，組み立てを楽にしたり，接合部分を減らしたりするために 09 ＿＿＿＿＿＿ 加工を行うことがある。

□ 金属板の折り曲げ

折り台を使うときは，金属板のけがき線を折り台のふちに合わせ，両端から真ん中の順に打ち木で打って折り曲げるときれいに曲げられる。

▼打ち木と折り台を使う。

▼折り曲げ機を使う。

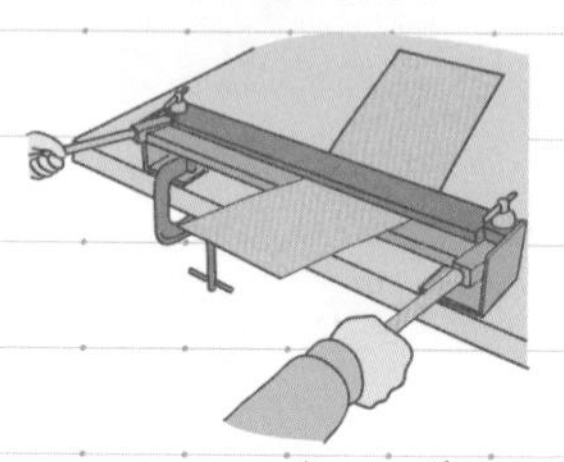

折り曲げ機の押さえ刃にけがき線を合わせて折り曲げる。

□ プラスチックの折り曲げ

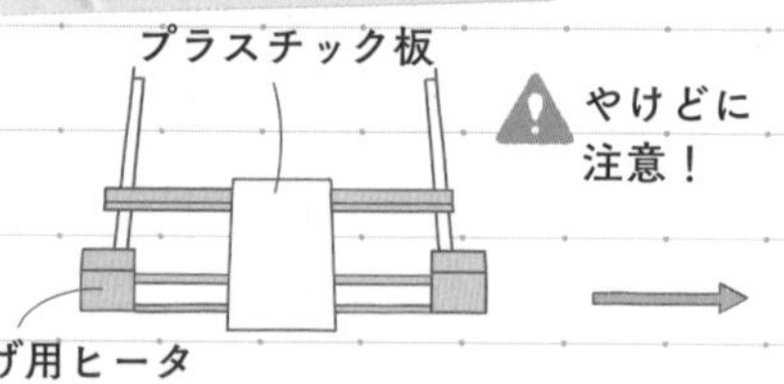

曲げる部分をヒータにのせ，加熱する。

→

あたためた面が外側

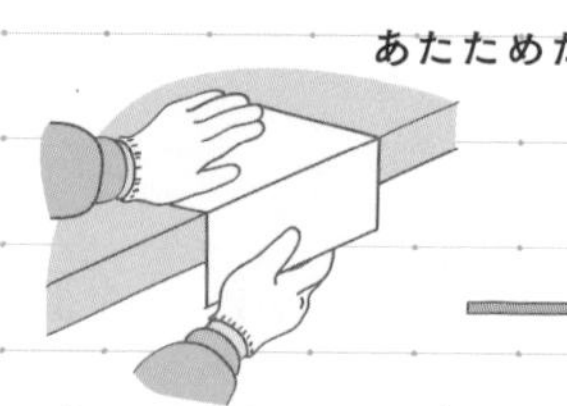

台の角などに当てて曲げる。

→

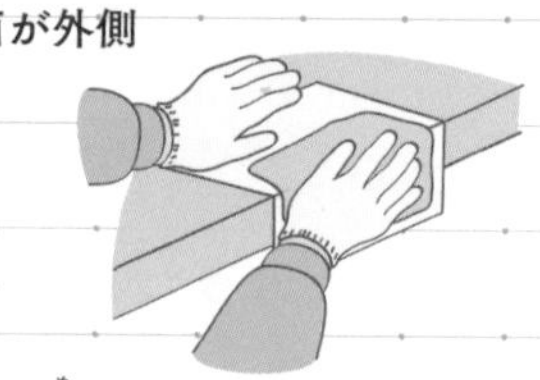

濡れた布を当てて冷やす。

穴あけ

□材料に穴をあけるときは 10 ＿＿＿＿＿＿＿＿＿＿ を使う。

▼卓上ボール盤の各部の名称

ベルトカバー
送りハンドル
ドリルチャック
ドリル
テーブル
テーブル上下ハンドル

□ 穴あけの手順

① テーブルを作業しやすい高さに調節し，固定する。

② 穴あけの深さを調整する。
通し穴をあける場合は 11 ＿＿＿＿＿＿ を敷く。
止まり穴（止め穴）の場合は，ストッパで深さを調節する。

③ ドリルの先端を穴の中心に合わせ，板材の場合，
材料を 12 ＿＿＿＿＿＿ で固定する。

④ スイッチを入れて送りハンドルを下げ，止まり穴の場合はストッパが当たるまで，通し穴の場合は捨て板まで穴をあける。このとき，必ず 13 ＿＿＿＿＿＿＿ や 14 ＿＿＿＿＿ マスクをつける。

▼板材の固定のしかた

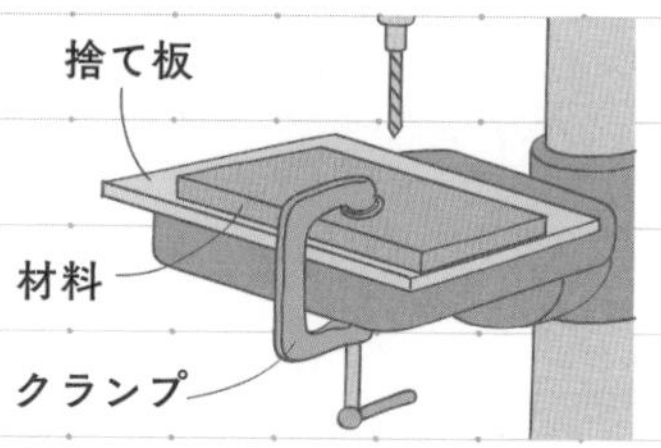

棒材は，機械万力などで固定する。

THEME 技術

組み立てと仕上げ

組み立て

くぎ接合

□くぎ接合するときは，まずきりを使って

01 ＿＿＿＿＿をあける。

きりを板に垂直に当て，下穴をあける。このとき，下穴は下板にくぎが半分入る程度の深さにする。

▼きりによる下穴あけのしかた

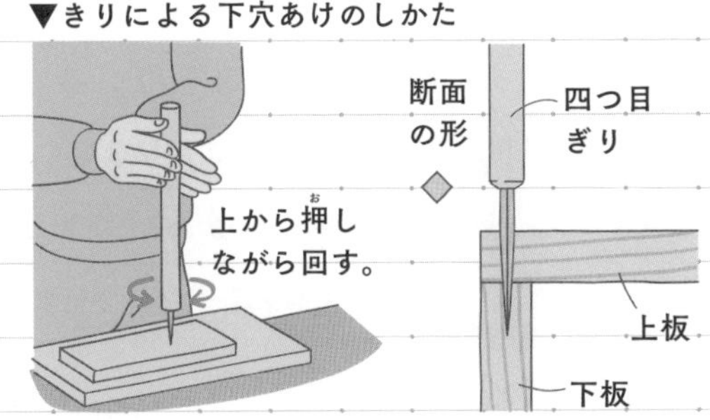

木ネジの場合は三つ目ぎりで下穴をあけるよ！

□接合面に酢酸ビニル樹脂系エマルション形接着剤を薄く均一に塗る。その後すばやくくぎ打ちをする。

□くぎ打ちは，ひじを支点にして，手首を使って打つ。

02 ＿＿＿＿＿の両面を使い分ける。

→ はじめは平らな面で打つ。　最後は，板面に傷がつかないように曲面で打ち込む。

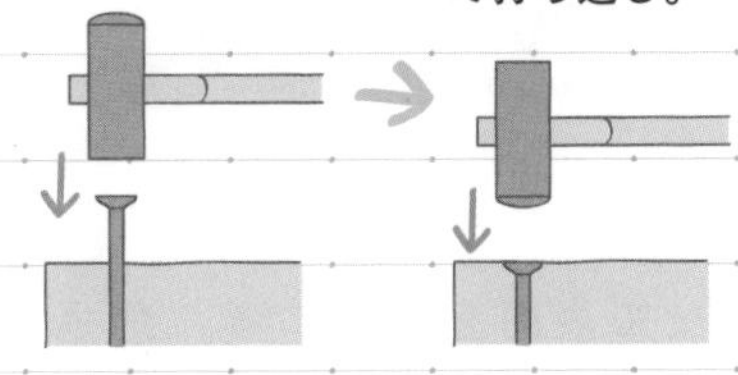

ねじ接合

□ねじ接合はくぎ接合より強く接合することができる。

皿木ねじによる接合

①03 ＿＿＿＿＿で下穴をあける。

断面の形　三つ目ぎり　木ねじの長さの$\frac{2}{3}$の深さ

②04 ＿＿＿＿＿で穴の周囲をけずる。

断面の形　菊座ぎり

皿木ねじの場合は，ねじの頭を木材に埋め込むので，菊座ぎりなどで頭をかくすための穴をあける。

③頭が出ないようにねじ込む。

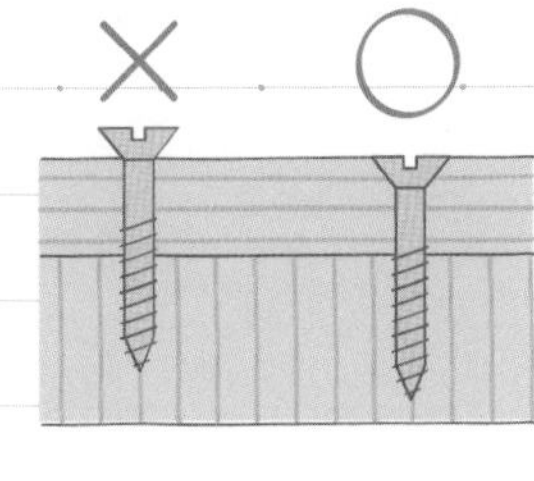

□ねじ接合のずれを防ぐ方法

①両端のねじを締める。このとき，ねじの頭部は残しておく。

②間のねじを，頭部を残して締め，接合のずれがないことを確認する。

③全てのねじを頭部がしずむまで締める。

THEME 組み立てと仕上げ

接着剤による組み立て

接着力を高めるために，接着面の汚れを落とし，一定量を均一に塗るようにしよう！

□材質によって適切な接着剤を用いる。

酢酸ビニル樹脂系エマルション形	一般的な木工用接着剤で，接着力は比較的強いが，材料に熱や水分が加わると接着力は落ちる。
エポキシ樹脂系	硬化剤を混ぜることで化学反応が起こり硬化する。接着力は強く，水にも強い。
合成ゴム系	粘液状の接着剤で硬化後も柔軟性をもつことから，ある程度変形する材料や凹凸がある材料でも接着できる。接着力は弱い。
シアノアクリレート系	一般的な瞬間接着剤で，接着力は強い。身体に付着した場合は，無理にはがさず，専用のはがし剤を使ってはがす。

素地の調整

□木材 大きな傷や段差は目が 05 ＿＿＿＿ 研磨紙で削る。そのあと，180 ～ 240 番の研磨紙で表面を研磨する。角張ったところは研磨紙で削り，06 ＿＿＿＿ する。

□金属 アルコールで油分を落とし，目の細かい研磨紙で磨く。

塗装

▼塗る順番

□07 ＿＿＿＿：①端は内側から塗ると塗料がたまりにくい。
②繊維方向に塗り，③最後は筆先をすっと上げる。

□08 ＿＿＿＿：塗装面から 20 ～ 30 cm 離して，スプレーを塗装面と平行に動かしながら吹き付ける。

20～30cm
スプレー

□ワックス仕上げ（木材）

①スポンジやウエスなどを使って，円を描くように擦り込む。
②約 1 時間置き，余分なワックスを拭き取り乾燥させる。
③乾燥後，きれいに拭き上げる。

THEME 技術 **生物の育成**

生物育成の技術

□生物育成の技術は，問題解決のために 01 ＿＿＿＿ されている。

育成環境の調整　一年中トマトが食べられるようにしたい。

→ ビニルハウスなどで，季節に関係なく通年で出荷できる環境を作る。

成長の管理　健康に育て，たくさん実をつけさせたい。

→ 支柱を立てて日当たりを改善するなど，作物やその周辺に手を加える。

特徴の改良　皮が薄くてよりおいしいトマトを作りたい。

→ 02 ＿＿＿＿ によって，色，形，収穫量，食味のよさを向上させる。

動物を育てる技術

□動物を育て，生産するには，人間が環境を管理する必要がある。

□ 03 ＿＿＿＿：家畜の種類や成育段階，生産物の種類に合わせて餌の種類や量を調節する。

□環境・衛生：家畜の種類や成育段階，生産物の種類に合わせて温度管理や消毒，予防薬投与などの衛生管理を行う。

□ 04 ＿＿＿＿：人工授精の技術が進み，品種改良で高い能力の家畜の生産が可能になった。

□動物福祉の視点：飼育に伴うストレスを与えない工夫や努力が必要である。

水産生物を育てる技術

□対象とする魚種の選定：需要があるか，成長が早いか，生産地の環境に合うか，地域の生態系に影響を与えないかなどを検討する。

□種苗の確保：マダイなどの 05 ＿＿＿＿ が確立されている魚は人工生産の稚魚を，ニホンウナギなどの 06 ＿＿＿＿ の魚は天然産の稚魚を種苗として育てる。

□飼育管理に必要な技術：養殖を行う場所や水質管理など，水産生物の成長に適する環境を調節する技術と，給餌，健康管理など，成長を管理する技術が必要である。

作物の育成

作物の育成環境

□ 07 ＿＿＿＿ を管理することで，食料や資源を安定して生産することができる。

08 ＿＿＿＿
日射量，日長(夜間の長さ)，降水量，温度，湿度など。作物の光合成や呼吸，開花などと関係がある。生育に適した気温は，作物の種類によってちがう。

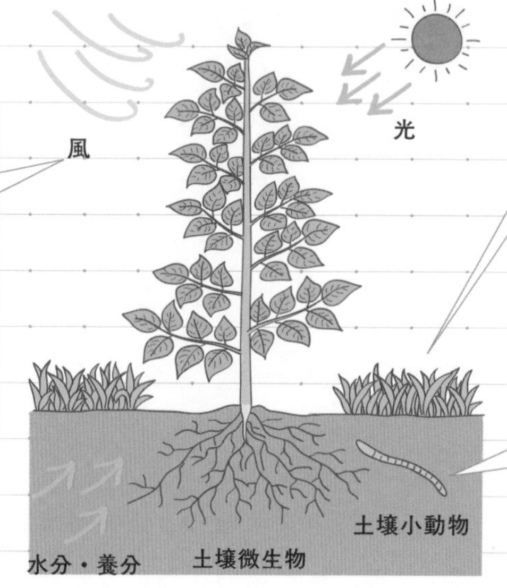

09 ＿＿＿＿
雑草，鳥獣，昆虫，微生物，土中の小動物など。作物に有益なものや有害なものなどがいる。

土壌環境
土壌中の養分，水分，空気など。排水性や保水性，保肥性，通気性などがあることが作物に重要。

作物の栽培方法

□ 10 ＿＿＿＿
野外で土地の気候に合わせた栽培。

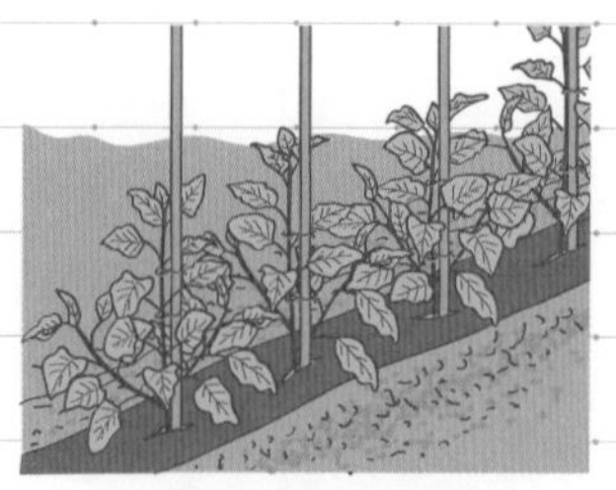

□ 11 ＿＿＿＿
ビニルハウスや温室で栽培。気候の変化や災害を防げる。

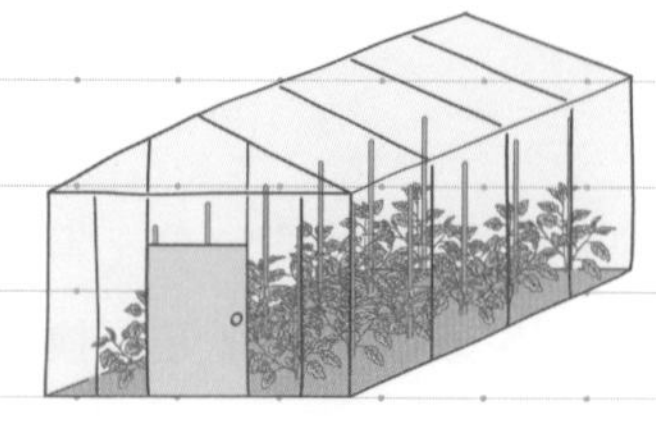

□ 12 ＿＿＿＿
鉢やプランターなどで栽培。

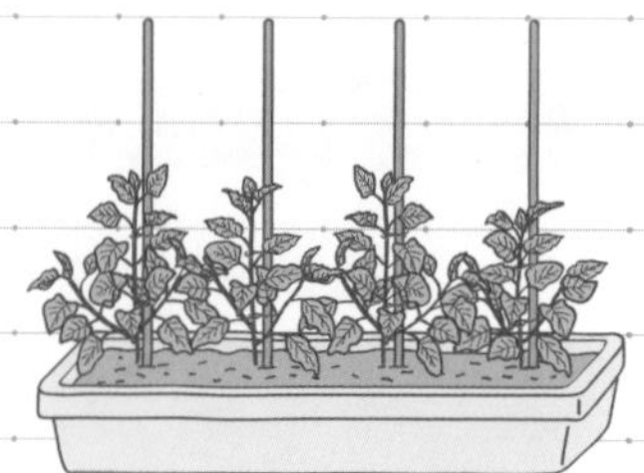

光や温度の管理

□ 植物がよく育つためには，光や温度などの気象環境を調節する必要がある。発芽や生育に適した日の長さや気温は植物によって異なる。

□ 光を当てる時間を調節する電照栽培や，ビニルトンネルを用いて温度を調節する栽培方法がある。

THEME 技術 **植物の栽培**

植物の成長管理

□ **種まき** 種をまいた後は，01 ＿＿＿＿・02 ＿＿＿＿・空気（酸素）を適切に管理する。

□ **間引き** 苗の発育や品質をそろえるために，栽培に適した苗を残す。ピンセットや手で苗を抜く。

間引く苗の選び方
- 茎が伸び過ぎている
- 生育が遅すぎる，早すぎる
- 虫の害を受けている
- 子葉の形が悪い
- 混み合っている
- 病気にかかっている

□ **移植・定植** 植物を植えかえることを 03 ＿＿＿＿ という。植えかえないときは 04 ＿＿＿＿ という。

□ **支柱立て** 支柱を立て，枝や茎と支柱をひもなどで固定する。これを 05 ＿＿＿＿ という。日当たりや風通しがよくなる。

茎　支柱
ひも
余裕をもたせる
クロスさせて，1回ねじる
結び目は支柱側

□ **かん水** 土の表面が乾き始めたときにじょうろで水を与えることをかん水という。葉や花に水がかからないように気を付ける。午前中の早い時間に行うとよい。プランターや鉢に植えた場合は，底から水が出るまで行う。

かん水の回数が多すぎると根が腐ってしまうので注意する。

□ **摘芽・摘芯** わき芽を取り除くことを 06 ＿＿＿＿，茎の先端を切ることを 07 ＿＿＿＿ という。

摘芽

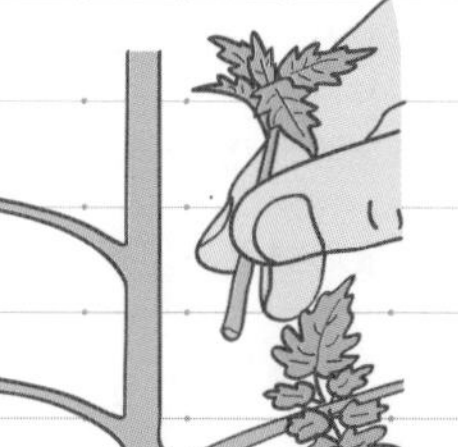

摘芯

□ **受粉** 支柱を棒などでたたいて花房をゆらす。

□ **収穫** 色やかたさ，大きさなどを見て判断し，収穫する。

害虫・病気の管理

☐ 植物にはいろいろな害虫や病気が発生するので，早めに対処する。

アブラムシ類	新芽や葉の裏，茎につき，汁液を吸う。 病気を媒介するので，牛乳やでんぷん水溶液をスプレーし，ただちに除去する。
ヨトウムシ	葉や茎が食べられるので，落ちているふんの周辺の土中を探して除去する。
尻腐れ症	カルシウム不足や窒素過多による生理障害。果実の先端が黒くなる。カルシウム剤を葉に散布する。
モザイク病	アブラムシが運ぶウイルスにより，葉や花びらにモザイク状の模様ができる。 アブラムシの防除をする。
ウドンコ病	カビの一種が原因で，葉や茎が白っぽくなる。密植を避け，風通しをよくする。

土の管理

☐ 植物を育てるのに適した土は 08 ______ 構造の土。
土の細かい粒子が集まり小さな塊になっているので隙間がある。
➔ 水はけと水持ちがよい。通気性がある。 ── 植物の栽培には向かないので注意！
☐ 小さな粒子だけで塊にならない土を 09 ______ 構造という。
☐ 黒いフィルムで表土を覆うと，雑草の発芽や乾燥を防げる。

団粒構造

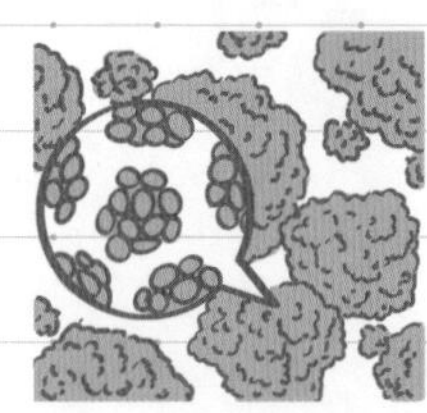

単粒構造

肥料の管理

☐ 初期の成長を促す肥料を 10 ______ といい，生育状態を見ながら与える肥料を 11 ______ という。

肥料の種類

☐ 12 ______
：動物や植物，また動物の排せつ物などを発酵させて作られた肥料。ゆっくりと効き効果が長い。

☐ 13 ______
：化学的に作られた肥料。速効性のものや緩効性のものがある。

☐ 肥料の三要素

要素	役割
14 ______	花や果実などを発育させる。
15 ______	光合成を活性化させる。 果実や根の成長を促進する。
16 ______	茎・葉・根を作る。

Date

THEME 技術 **エネルギーと電気**

エネルギー

□身の回りの様々な機器はエネルギーを利用して動く。

□用途に応じて，エネルギーの形態を変えることを 01 ＿＿＿＿＿＿ という。

□エネルギー資源には，石炭や天然ガスといった 02 ＿＿＿＿ や核燃料，自然エネルギーなどがある。

□ **エネルギー変換効率**

エネルギー変換効率(%)＝

$$\frac{\text{使用目的に利用されるエネルギー}}{\text{供給されるエネルギー}} \times 100$$

熱や音など，目的以外のことに放出されてしまうエネルギー（エネルギー損失）がある。

発電

□発電には化石燃料などの埋蔵量が限られているエネルギーを使うものと，水力や太陽光などの 03 ＿＿＿＿＿＿ を使うものがある。

□ **いろいろな発電の方法**

発電方法	使う資源	よい点	課題点
火力発電	石炭や石油	安定して電気を供給できる。	04 ＿＿＿＿ を大量排出する。
05 ＿＿＿＿	核燃料（ウラン）	発電によるCO_2の排出がない。安定して電気を供給できる。	事故など安全性に問題がある。使用済みの核燃料の処分方法に問題がある。
水力発電	ダムなどの水	発電によるCO_2の排出がない。エネルギー変換効率が80%と高く，電気の供給が安定。	新しい水源の確保が難しく，大規模な発電所を増やせない。自然環境の破壊につながる。
地熱発電	地熱	発電によるCO_2の排出がない。	開発コストが高い。
風力発電	風	資源にかかるコストがない。発電によるCO_2の排出がない。	発電量が天候に左右される。環境破壊や騒音の問題がある。
太陽光発電	太陽光	資源にかかるコストがない。発電によるCO_2の排出がない。	発電量が 06 ＿＿＿＿ に左右される。

水力発電・地熱発電・風力発電・太陽光発電は再生可能エネルギーを使った発電方法。

No.

Date

THEME エネルギーと電気

直流と交流

□時間が経過しても電流の向きが変わらない電源を 07 ＿＿＿＿ といい，時間とともに電流の向きや大きさが変化する電源を 08 ＿＿＿＿ という。

□交流は変圧ができ，発電所から各家庭まで電気を送るのに適している。

変圧：電圧を変えること。

□電源の種類

乾電池	コンセント
・直流(DC)	・交流(AC)
・1.5 V程度	・100 Vや 200 V

電気回路

□電気機器には回路が組み込まれている。

□回路の中で，電流を送る部分を電源，電気エネルギーを別のエネルギーに変換する部分を 09 ＿＿＿＿，電流が通る道を導線という。

□電気回路は，10 ＿＿＿＿ を用いた回路図で表す。

□電流・電圧・抵抗・電力

	単位	用語説明
電流	A(アンペア)	電気の流れ。
電圧	V(ボルト)	電流を流そうとする力。
抵抗(ていこう)	Ω(オーム)	電流の流れにくさ。
電力	W(ワット)	電気エネルギーの1秒間の仕事量。

→電圧＝抵抗×電流　電力＝電圧×電流

11 ＿＿＿＿

12 ＿＿＿＿

13 ＿＿＿＿

導線の接続部

スイッチ

その他の電気用図記号

コンデンサ	モータ
発光ダイオード(LED)(エルイーディー)	ブザー
コンセント	端子(たんし)

電気エネルギーの変換

□電気エネルギーは光エネルギーや熱エネルギー，運動エネルギーなどに変換される。

□光エネルギー：白熱電球やＬＥＤライト

□14 ＿＿＿＿：ストーブや電子レンジ

□運動エネルギー：ハンドミキサやモータ

Date

THEME 技術 動きの伝達・保守点検

回転運動を伝える仕組み

□摩擦車や歯車(ギヤ)を使うと，回転運動の大きさや方向などを変換できる。

□ベルトやチェーンも使うと，離れたところに回転運動を伝えることができる。

摩擦で伝える		かみ合いで伝える			
01	ベルトとプーリ	平歯車	02	ラックとピニオン	チェーンとスプロケット

□速度伝達比

$$\text{速度伝達比}=\frac{\text{駆動軸の回転速度}}{\text{被動軸の回転速度}}=\frac{\text{被動軸側の歯車の歯数}}{\text{駆動軸側の歯車の歯数}}$$

被動軸 駆動軸

速度伝達比が大きいと被動軸の回転速度は遅くなるが，回転力は大きくなる。

回転運動を別の運動に変える仕組み

□03 ：4本の棒(リンク)を接合部で回転するように組み合わせた機構。

04	05	往復スライダクランク機構
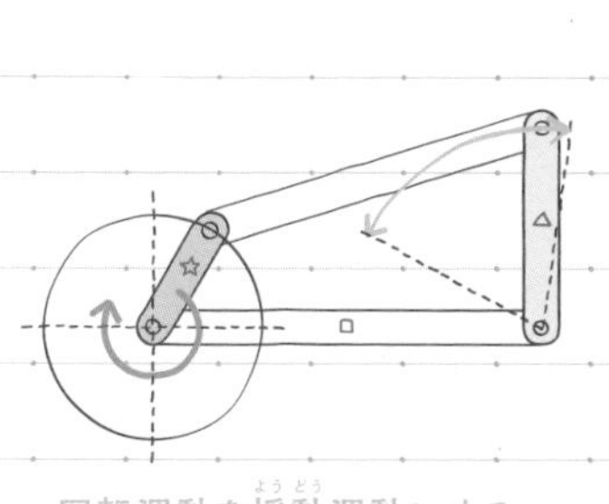	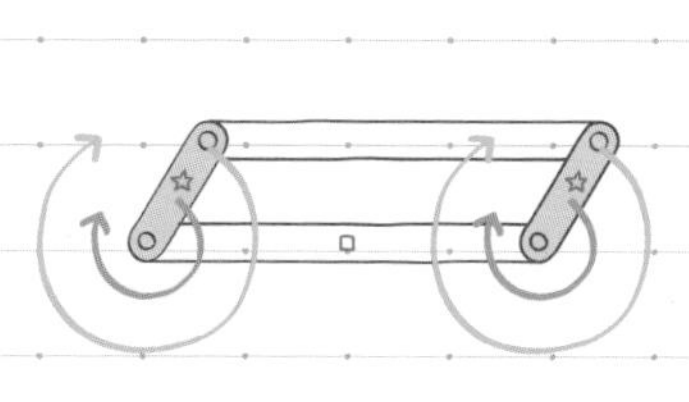	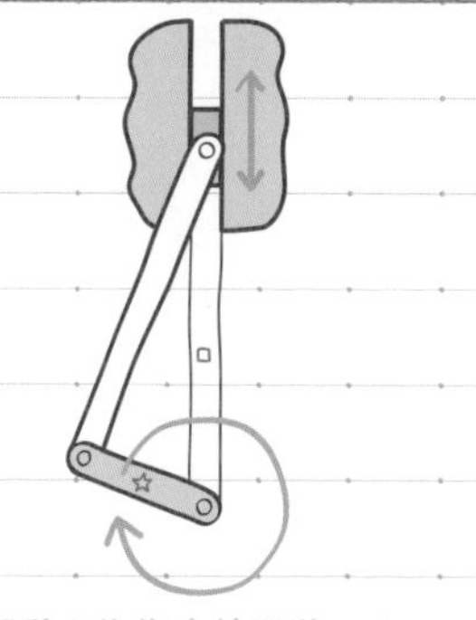
回転運動を揺動運動にする。	向かい合うリンクの長さが等しいと，ともに回転運動になる。	回転運動を往復直線運動にする。

☆：クランク(回転節)，□：固定リンク，△：てこ(揺動節)

□06 ：原動節(動きを伝える元になる部品)となるカムと従動節(カムの輪郭に沿って動く部品)で構成される機構。

THEME 動きの伝達・保守点検

電気機器の安全な使い方

□電気の扱い方を誤ると，生命が危険にさらされることがあるので安全に使用する。

□07 ＿＿＿＿：絶縁不良などによって，回路以外の部分に電流が流れること。
トラッキング現象などが引き起こされる。
（電源プラグとコンセントの隙間にたまったほこりに漏電し発火する現象のこと。）

□08 ＿＿＿＿：人の体の中に電気が流れて，ショックを受けること。
機器の故障やショート（短絡）などによって引き起こされる。
（配線の誤りなどにより，電線に過大な電流が流れること。）

□事故を防ぐために，ブレーカ（遮断器）やアース線（接地線）の設置などを行うとよい。

□電気機器を扱う際は，定格値の範囲内で使用すること。

保守点検

□どの機械にも用いることができるよう，大きさや種類などの規格を定めた部品のことを共通部品という。

□共通部品の規格には，JIS（日本産業規格）やISO（国際標準化機構）などがある。

□共通部品には，ねじやばね，軸と軸受などがある。

□機械を安全に使うためには，定期的な 09 ＿＿＿＿ が必要。

□ 製造と保守点検の責任

	製造責任	保守点検の責任
飛行機	航空機メーカー 整備マニュアルや交換部品などを提供する。	航空会社 空港や整備場での定期点検や部品交換をする。
自転車	自転車メーカー 製品の取り扱い説明書や保証書を付ける。 欠陥があった場合は，交換や修理・回収を行う。	10 ＿＿＿＿ 取り扱い説明書に沿って定期的に保守点検を行う。

THEME 技術

情報の処理技術・ネットワーク

まだまだ　もう少し　ばっちり

コンピュータの機能

☐ 01 ＿＿＿＿＿＿＿＿：コンピュータ本体や周辺の装置。

☐ 02 ＿＿＿＿＿＿＿＿：コンピュータを動かすためのプログラム。

☐ コンピュータの機能

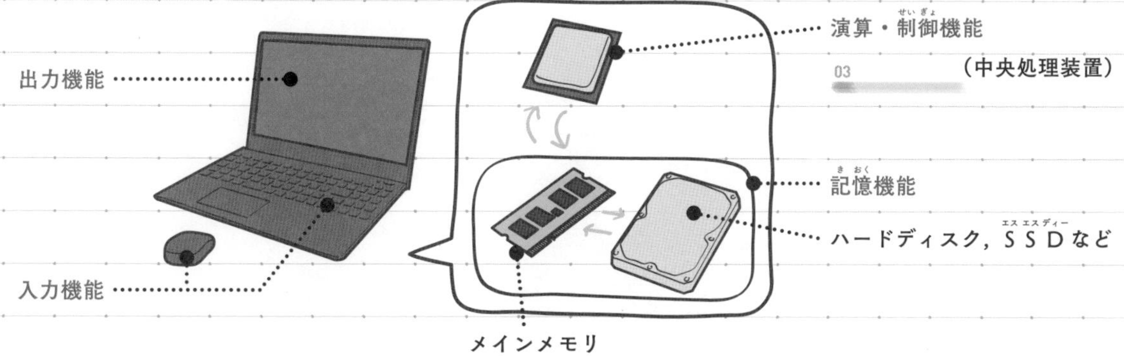

アナログとデジタル

☐ 連続して変化する情報（気温や時刻など）をアナログ情報といい，それらの情報を「20℃」や「7時30分」のように数値で区切って表す情報をデジタル情報という。

アナログ　デジタル

☐ アナログ情報をデジタル情報に置き換えることを 04 ＿＿＿＿＿＿＿＿ という。
置き換える際，情報を0と1で表す 05 ＿＿＿＿＿＿ にしている。

☐ 画像は 06 ＿＿＿＿＿＿＿＿ とよばれる点の集まりで表され，集まる度合いのことを 07 ＿＿＿＿＿＿ という。

データ量の単位

☐ データの最小単位を 08 ＿＿＿＿＿＿＿＿ という。
「0」や「1」が1つで1 bit，「00」は2 bit，「11010110」は 09 ＿＿＿＿＿＿ である。

☐ その他の単位の一覧

単位	データ量	単位	データ量
B（バイト）	1 B＝8 bit	GB（ギガバイト）	1 GB＝1,024 MB
KB（キロバイト）	1 KB＝1,024 B	TB（テラバイト）	1 TB＝1,024 GB
MB（メガバイト）	1 MB＝1,024 KB	PB（ペタバイト）	1 PB＝1,024 TB

ネットワーク

□コンピュータなどの情報機器を互(たが)いに情報がやりとりできるようつないだものを

10 ＿＿＿＿＿＿＿＿ という。

□ 種類

11 ＿＿＿＿	部屋や建物内などのネットワーク。情報機器をハブやルータを用いて接続する。
インターネット	世界規模でつながっているネットワーク。

□ 情報のやりとりの仕組み

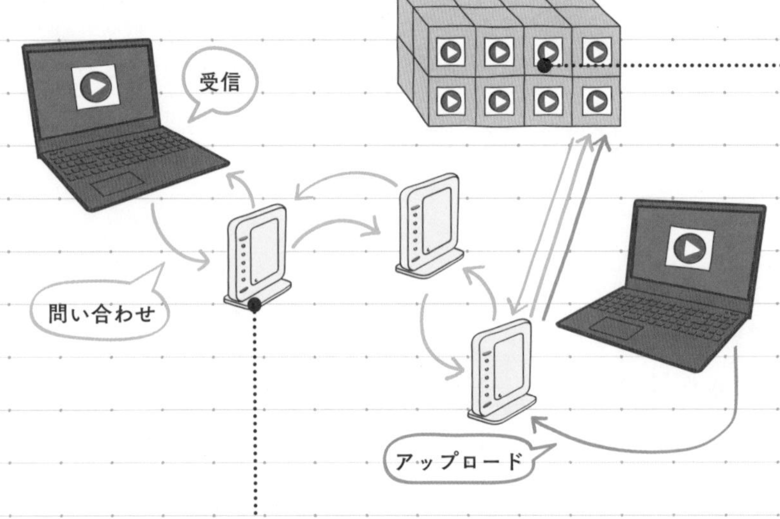

12 ＿＿＿＿：情報のやりとりをするサービスを提供するソフトウェアやコンピュータ。メールサーバやWWW(ダブリュダブリュダブリュ)サーバなどがある。

13 ＿＿＿＿：データを送信する際，ネットワーク間を中継(ちゅうけい)する装置。

情報機器やWebページの識別

□情報通信ネットワークに接続された情報機器は，識別のために 14 ＿＿＿＿ という番号が割り振(ふ)られている。

□Web(ウェブ)ページなどを識別するために使われる記号を 15 ＿＿＿＿ という。

例 https://www.gizyutsu.ed.jp/zyouhou-network/syousai.html

プロトコル ─ 通信方式のこと

ドメイン名 ─ サーバやネットワークの名前

パス名 ─ 情報のあるファイルやフォルダの名前

Date

THEME 技術 情報と安全・プログラミング

情報モラル

□ 情報社会で適正に活動するための基本的な考え方や態度を 01 ＿＿＿＿ という。

□ インターネットを利用する際は，検索(けんさく)した情報の正確性や信ぴょう性の確認(かくにん)，自分や他人のプライバシーへの配慮(はいりょ)などに気を付ける。

情報利用と権利

使用時は許諾(きょだく)を取ることが原則必要である。

□ 人の知的な創作物には 02 ＿＿＿＿ という権利が認められている。

□ 大きく分けて２つの権利があり，小説や音楽などの著作物には 03 ＿＿＿＿ が，企業の発明などに関わる成果物には 04 ＿＿＿＿ が認められている。

□ レポートなどで他者の著作物から図表や文章を利用することを 05 ＿＿＿＿ という。

使用時は，引用部分を明確にして，その出所を明示する必要がある。

セキュリティ対策

□ ネットワークを安心かつ安全に使うための対策を 06 ＿＿＿＿ という。

□ 情報セキュリティの３要素

	07 ＿＿＿＿	完全性	可用性
説明	特定の人だけが利用できること。	情報が正確で改ざんされないこと。	必要時に利用できること。
対策	・情報漏(ろう)えいの防止。 ・アクセス権の設定。	・改ざんやミスの防止。 ・データを復元可能にする。	・通信障害などを防ぐ。 ・データのバックアップをとる。

□ セキュリティを高める方法

名称	役割
セキュリティ対策ソフトウェア	情報機器のコンピュータウイルス感染(かんせん)を防ぐ。
08 ＿＿＿＿	外部との通信を制限し，不正侵入(しんにゅう)を防ぐ。
09 ＿＿＿＿	問題のあるメールやWeb(ウェブ)ページなどを識別し，利用を制限する。
認証(にんしょう)システム	サービスの利用者を限定したり，データを他人から保護したりする。 ユーザIDとパスワードの組み合わせや，生体認証を用いる。
10 ＿＿＿＿	データが流出した際，情報が読み取られないようにする。

THEME 情報と安全・プログラミング

プログラム

□システム作成時，処理方法や手順を命令の形で記したものをプログラムという。

□プログラムを書くことを 11 ＿＿＿＿＿＿ といい，その際に使うコンピュータが認識可能な言語を 12 ＿＿＿＿＿＿ という。

フローチャート

1つの情報処理の流れを確認できる図。

□順次処理型

始め → 仕事1 → 仕事2 → 終了

□ 13 ＿＿＿＿＿＿

始め → 繰り返し3回 → 仕事1 → 繰り返し終了 → 終了

□分岐(ぶんき)処理型

始め → 仕事1 → 条件 →（はい）仕事2 → 終了
条件 →（いいえ）仕事3 → 終了

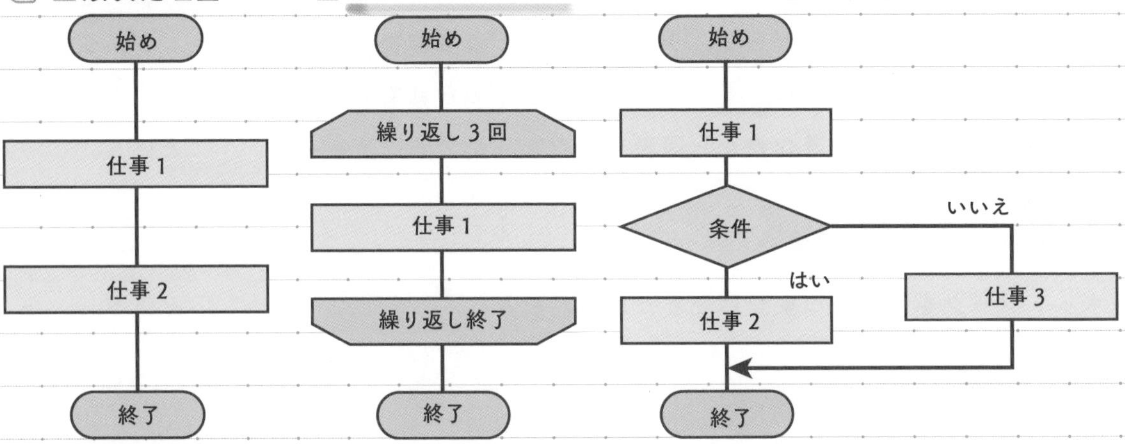

□アクティビティ図

複数の情報処理の手順をまとめ，全体の構想を確認できる図。

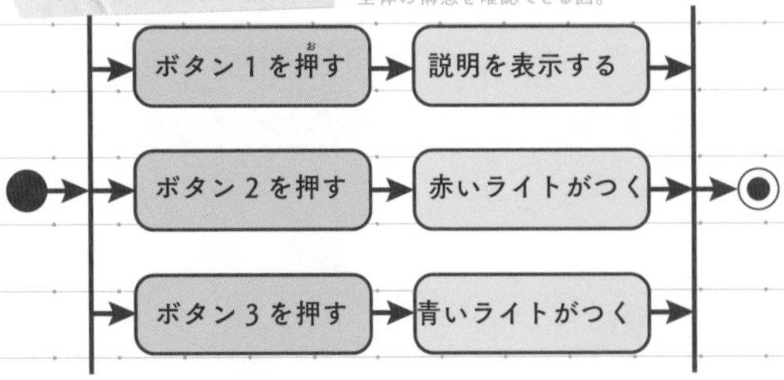

● → ボタン1を押(お)す → 説明を表示する → ◉
● → ボタン2を押す → 赤いライトがつく → ◉
● → ボタン3を押す → 青いライトがつく → ◉

□フローチャートで使う記号

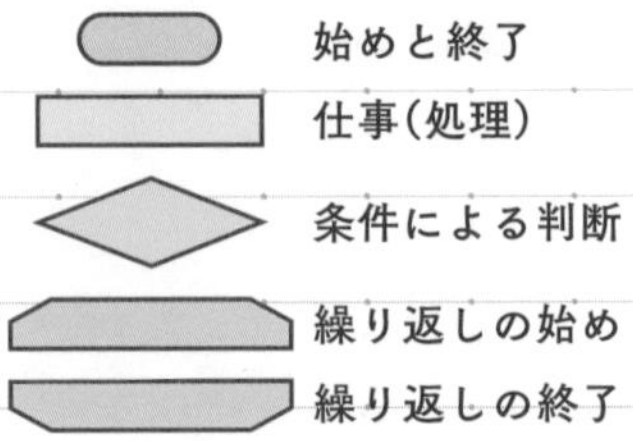

- 始めと終了
- 仕事(処理)
- 条件による判断
- 繰り返しの始め
- 繰り返しの終了

計測・制御システム

□自動で光などに反応し，目的の仕事をするシステムを計測・制御(せいぎょ)システムという。

□ 14 ＿＿＿＿＿＿ ：光や温度などの情報を計測し，電気信号に変換(へんかん)する。

15 ＿＿＿＿＿＿ ：電気信号をデジタル情報に変換する。

Date

THEME 家庭 **食事と栄養**

食事の役割と栄養素

□ 食事の主な役割

- 活動の 01 ＿＿＿＿ になる。
- 生活のリズムを整える。
- 人との交流につながる。
- 02 ＿＿＿＿ を伝える。
- 体をつくる。

└ 地域や家庭で昔から食べられてきた郷土料理など。

□ 健康を支える３つの要素

- 栄養的にバランスのよい 03 ＿＿＿＿
- 適度な 04 ＿＿＿＿
- 十分な 05 ＿＿＿＿

中学生の時期は，健康によい食習慣を身につける大切な時期だよ。自分の食習慣をふり返ってみよう。

□ 06 ＿＿＿＿ ：食べる内容や量，速さなどの毎日の食事の仕方。欠食や過食，偏食など不規則な食事を続けると，07 ＿＿＿＿ になりやすくなる。

└ 好き嫌い

栄養素

□ 五大栄養素の種類と役割

主にエネルギーになる。

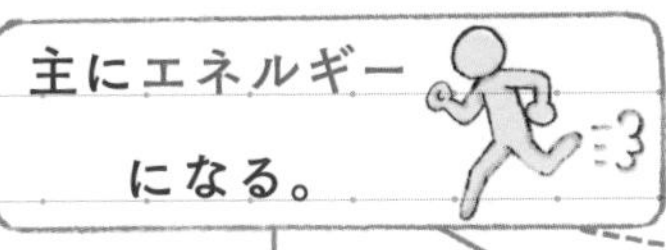

主に体の組織をつくる。

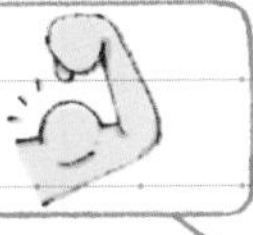

主に体の調子を整える。

08 ＿＿＿＿ 09 ＿＿＿＿ 10 ＿＿＿＿ 11 ＿＿＿＿ 12 ＿＿＿＿

□ 13 ＿＿＿＿ ：栄養素ではないが，生きるために必要不可欠なもの。

└ 吸収した栄養素の運搬，老廃物の排出，体温調節などの役割がある。

中学生に必要な栄養

□ 14 ＿＿＿＿ ：１日にとることが望ましいエネルギーや栄養素の量の基準を示したもの。

中学生の時期には，
・体をつくる**たんぱく質**や**カルシウム**，**鉄**
・活動のもととなる**エネルギー**
も十分にとろう。

食事摂取基準（１人１日あたり，身体活動レベルⅡ（ふつう））

★ 1 mg ＝ 1,000 μg

年齢・性別		エネルギー	たんぱく質	カルシウム	鉄	ビタミンA	ビタミンB_1	ビタミンB_2	ビタミンC	ビタミンD
12～14歳	男	2,600 kcal	60 g	1,000 mg	10.0 mg	800 μg	1.4 mg	1.6 mg	100 mg	8.0 μg
	女	2,400 kcal	55 g	800 mg	12.0 mg	700 μg	1.3 mg	1.4 mg		9.5 μg
30～49歳	男	2,700 kcal	65 g	750 mg	7.5 mg	900 μg	1.4 mg	1.6 mg	100 mg	8.5 μg
	女	2,050 kcal	50 g	650 mg	10.5 mg	700 μg	1.1 mg	1.2 mg		

厚生労働省「日本人の食事摂取基準（2020年版）」

THEME 食事と栄養

食品に含まれる栄養素

□ 15 ＿＿＿＿：食品の可食部100gあたりに含まれる栄養素の種類や量を示したもの。

可食部：食品の食べられる部分。

1回の食事でとれる栄養素を考えるときは，1回に食べる量は100gとは限らないので，注意しよう。

□ 6つの食品群とその特徴

12～14歳，1人1日分の量だよ。

食品群	主な食品	主な成分	主なはたらき	摂取量の目安
1群	魚・肉・卵・豆・豆製品	16 ＿＿＿＿	体の組織をつくる。	男：330g 女：300g
2群	17 ＿＿＿＿・乳製品・小魚・海藻	カルシウム		400g
3群	18 ＿＿＿＿	カロテン（ビタミンA）	体の調子を整える。	100g
4群	その他の野菜・果物・きのこ	19 ＿＿＿＿		400g
5群	穀類・20 ＿＿＿＿・砂糖	21 ＿＿＿＿	エネルギーになる。	男：700g 女：650g
6群	油脂・種実	22 ＿＿＿＿		男：25g 女：20g

「日本家庭科教育学会誌　第63巻　第2号」2020年

□ 23 ＿＿＿＿の目安：1日に必要な食品の量を食品群ごとに示したもの。性別や年齢で変化する。

バランスのよい献立

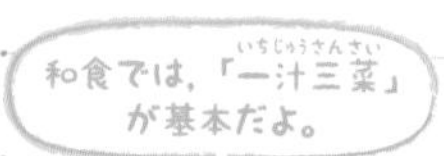

□ 24 ＿＿＿＿：食事づくりの計画。主菜，25 ＿＿＿＿，副菜，26 ＿＿＿＿（飲み物）の構成で考えると，栄養のバランスが整いやすい。

□ 献立づくり：食品群別摂取量の目安をもとに食品を組み合わせ，味つけや調理法，食品の旬なども考えて，工夫するとよい。

1食分の量は，1日の3分の1の量が目安。

THEME 家庭

食品の選択・購入・保存

食品の選択と表示

☐ 食品の選択：食品の品質や価格，栄養，環境への影響などを見分ける必要がある。
見た目だけでなく，01 ＿＿＿＿ やマークなどを確かめるとよい。

☐ 02 ＿＿＿＿ ：すべての食品に食品表示を義務づけている法律。

食品のマークの例

☐ 03 ＿＿＿＿ マーク
日本農林規格（JAS）を満たす食品などにつけられる。

☐ 04 ＿＿＿＿ マーク
「おなかの調子を整える」など，特定の保健効果が期待できる食品につけられる。

☐ 05 ＿＿＿＿ マーク
日本農林規格にもとづき，農薬や化学肥料を使わずに生産された有機農産物や有機農産物加工食品などにつけられる。

生鮮食品の特徴と表示

☐ 生鮮食品の選択：06 ＿＿＿＿ のよいものを選ぶ。

魚	肉	野菜
・07 ＿＿＿＿ が澄んでいる。	・肉にしまりがある。	・色が鮮やか。
・えらが鮮やかな赤色。	・不快なにおいがしない。	・みずみずしく，10 ＿＿＿＿ がある。
・不快な 08 ＿＿＿＿ がしない。	・09 ＿＿＿＿ が鮮やか，みずみずしい。	・重さや張りがある。

➔ 鮮度が低下しやすく，腐敗も早いため，短期間で食べきる必要がある。

☐ 11 ＿＿＿＿（出盛り期）：生産量や栄養素の量が多く，食品の味もよい時期。

この時期は食品が多く出回るため，価格も下がる。

☐ 生鮮食品の表示：名称と 12 ＿＿＿＿ の表示が義務づけられている。
食品によっては，消費期限，加工年月日，保存方法などが表示される。

☐ 食品の 13 ＿＿＿＿ ：
食品がいつどこで生産され，どのような加工・流通経路で消費者に届いたのかを把握できるしくみ。

肉の表示例

消費期限，加工年月日
消費期限 21.7.1
加工年月日 21.6.29
本体価格 528円
原産地：鹿児島産
名称：国産豚モモブロック
個体識別番号 0123456789
保存方法：保存温度4℃以下
販売業者や加工業者の名称と住所：○○株式会社 東京都港区△△○-□-×

THEME 食品の選択・購入・保存

加工食品の特徴と表示

□加工食品の目的：食品の 14 ＿＿＿＿ を高める，新しい食品をつくる，調理の手間を省くなど。
例 牛乳→チーズ・バターなど。

□加工食品の表示：名称，15 ＿＿＿＿，内容量，期限，保存方法，製造者名と住所，エネルギー及び栄養成分量の表示が義務づけられている。また，原材料に 16 ＿＿＿＿ や 17 ＿＿＿＿ の原因となる食品が含まれる場合も，その表示が義務づけられている。

□18 ＿＿＿＿：品質の改良や保存性の向上，着色などを目的に加えられる。使用できる種類や量は 19 ＿＿＿＿ によって定められている。

□食品の期限の違い

20 ＿＿＿＿ 期限	例	21 ＿＿＿＿ 期限	例
・安全が保証されている期限。 ・製造日からおよそ5日以内。 ・期限を過ぎたものは食べない方がよい。	弁当 そう菜	・おいしさが保証されている期限。 ・数か月など比較的長い期間。 ・期限が過ぎても食べることはできる。	スナック菓子 缶詰

□加工食品の選択：表示の内容や保存状態を確かめて，目的に合ったものを選ぶ。

包装材が破損していない，缶詰が膨張していない，形が崩れていないものを選ぶ。

食品の保存

□食品の保存：それぞれの食品に合った方法で，衛生的に保存することが大切。

□22 ＿＿＿＿：手や食品を通じて体内に入った，細菌やウイルスが原因で発生する。

□主な食品の保存方法

●冷凍冷蔵庫

冷蔵室（約3～5℃）卵，牛乳，納豆，一般の食品など。

チルド室（約−1～2℃）魚や肉など。

冷凍室（約−20～−18℃）冷凍食品の保存，食品や調理品のホームフリージングなど。

野菜室（約5～10℃）野菜，果物，飲料など。

●冷暗所

●常温

□食中毒予防の三原則

・つけない　←手を洗う。
・増やさない　←低温で保存する。
・やっつける　←よく加熱する。

THEME 家庭 食事の調理

調理の基本

□計量スプーン：大さじは 01 ＿＿＿ mL，小さじは 02 ＿＿＿ mL。1杯(ばい)の計量は，液体はこぼれないぎりぎりまで入れ，粉類は山盛りにすくってからすり切る。

□包丁の使い方

- 03 ＿＿＿ のつけ根をしっかり持つ。
- 指先を丸め，食品を押(お)さえる。

切っ先
みね
刃先(はさき)
刃元(はもと)
柄(え)

□加熱調理法

・焼く　・煮(に)る　・04 ＿＿＿　・ゆでる　・05 ＿＿＿

焼く：表面はかたく，内部はやわらかくなる。
煮る：材料をだし汁(じる)などの中で加熱し，やわらかくして味を染(し)み込ませる。
04：なべなどに油を熱し，材料をかき混ぜながら加熱する。
ゆでる：湯の中で加熱してやわらかくし，あくなどを取り除(のぞ)く。
05：水蒸気中で加熱する。加熱むらが少ない。

□調味料を入れる順番

さ（砂糖）→し（06 ＿＿＿）→す（酢(す)）→せ（しょうゆ）→そ（みそ）

せ（しょうゆ）：昔は「せうゆ」と書いたため。

□盛りつけの基本

肉の調理

□肉の種類

種類	ぶた肉	牛肉	とり肉
色	淡(あわ)いピンク色，脂身(あぶらみ)は白い	赤色	透明(とうめい)感のある淡いピンク色
部位と調理の例	かたロース（しょうが焼き，とんかつ） ロース かた もも ヒレ ばら（角煮(かくに)，とん汁） （とんかつ，焼肉）	サーロイン（ステーキ，すき焼き） ランプ かたロース リブロース ヒレ もも（焼肉，すき焼き） かた ばら すね（カレー，シチュー）	むね（チキンカツ，焼きとり） 手羽 ささみ（蒸(む)し物） もも（ロースト，からあげ）

□肉の特徴(とくちょう)と調理

- 07 ＿＿＿ するとたんぱく質が変性して縮んでかたくなる。

　→ 08 ＿＿＿ を切る，たたく，しょうが汁などにつけておくなどするとよい。

　長時間煮込んでもやわらかくなるよ。

- うまみを逃(に)がさないためには，最初は 09 ＿＿＿ で加熱する。うまみを汁に出したいときは，水からゆっくりと長時間加熱する。

09：表面のたんぱく質を固める。

魚の調理

例 かれい，さけ，たら，ます，ひらめなど。

□ 10 ＿＿＿＿：脂質が少なく，味が淡泊。生ではかたく，加熱するとほぐれやすい。

□ 11 ＿＿＿＿：味が濃厚。生でやわらかく，加熱するとかたくなる。

例 あじ，いわし，かつお，さば，まぐろなど。

□ 魚の 12 ＿＿＿＿：血液中のコレステロール値を下げ，心筋梗塞・脳梗塞を防ぐ。

□ 焼き魚：表面に焼き色がついたときに中まで火が通るように，火加減を調節する。

□ 煮魚：煮汁を沸騰させてから 13 ＿＿＿＿ 時間で加熱する。

野菜・いもの調理

□ 野菜・いもの種類

種類	果菜類	葉菜類	茎菜類	14 ＿＿＿＿
食べる部分	果実や種	葉	茎	根や地下茎
食品の例	なす，トマト，ブロッコリー	ほうれんそう，キャベツ，にら	たまねぎ，たけのこ，アスパラガス	れんこん，にんじん，じゃがいも

野菜のいろいろな切り方

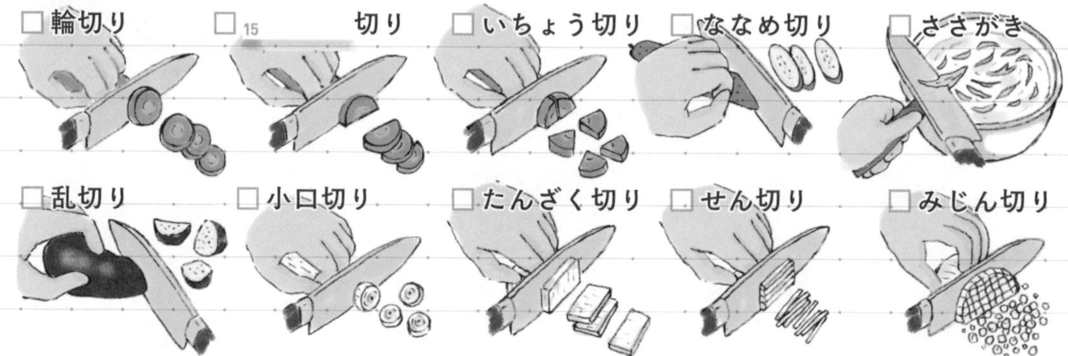

□ 加熱することで 16 ＿＿＿＿ が減りやわらかくなる。17 ＿＿＿＿ が強い野菜は，ゆでることで食べやすくなる。また，18 ＿＿＿＿ をふることでもしんなりし，かさが減る。

□ 19 ＿＿＿＿：空気中の 20 ＿＿＿＿ と反応して褐色になること。切ってすぐに水や食塩水，酢水などにつけて防ぐ。

□ 青菜のゆで方：沸騰したたっぷりの湯で 21 ＿＿＿＿ 時間でゆでて，変色を防ぐ。

食文化・食生活

日本の食文化

☐ 01 ＿＿＿＿＿＿：地域の人々の間で受け継がれてきた食べ物や食べ方のこと。南北に長い日本は地域によって気候風土が異なるため，特有の食文化が育まれた。

☐ 02 ＿＿＿＿＿＿：季節の行事に食べられる食事。

☐ 和食の基本・だし：

昆布やかつお節，煮干しなどから，含まれる 03 ＿＿＿＿＿＿ 成分を水に浸出させたもの。

└ イノシン酸やグルタミン酸など。

☐ 日本の行事食の例

	行事	料理名		行事	料理名
春	ひなまつり	ちらしずし	秋	月見	だんご
	春の彼岸	ぼたもち		秋の彼岸	おはぎ
	端午の節句	かしわもち，ちまき	冬	冬至	かぼちゃ
				大晦日	年越しそば
夏	七夕	そうめん		正月	おせち料理，雑煮
	土用の丑の日	うなぎ料理			

☐ 04 ＿＿＿＿＿＿：その土地特有の食材でつくられ，地域の伝統として伝わる料理。

➔ 郷土料理の例

かきの土手なべ（広島県）：かきの入ったみそ味のなべ

ます寿司（富山県）：塩漬けにしたますを使った押し寿司

石狩なべ（北海道）：ぶつ切りのサケやあらの入ったみそ味のなべ

きりたんぽ（秋田県）：つぶした米を木の棒につけて焼いたもの

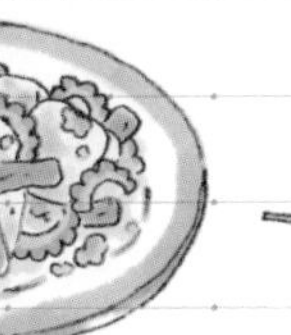

ゴーヤーチャンプルー（沖縄県）：ゴーヤー（にがうり）の炒めもの

おやき（長野県）：野菜の入ったまんじゅうのようなもの

深川丼（東京都）：アサリやハマグリの丼

☐ 05 ＿＿＿＿＿＿：地域で生産された食材をその地域で消費する取り組み。

➔ 新鮮な食材が手に入る，消費者が 06 ＿＿＿＿＿＿ を確かめることができる，地域の伝統的な食文化を継承できる，などのメリットがある。

食品の安全

□ 07 ＿＿＿＿＿＿：2003年に施行(しこう)された，食品の安全を守るための法律。この法律にもとづいて，08 ＿＿＿＿＿＿が食品の健康への影響(えいきょう)について，リスク評価を行う。

（内閣府に設置されている。）

→ 消費者には，食品の安全や正しい表示を求める権利があり，そのために行動する責任がある。

食生活と環境

□ 09 ＿＿＿＿＿＿：
国内の食料消費が，国内の食料生産でどれだけ賄(まかな)えているかを示す値(あたい)。日本は約 10 ＿＿＿％で，先進国では最低水準である。

□ **食料自給率の低下の原因**

食生活が洋風化し，自給率の低い畜産物(ちくさんぶつ)などの消費量が増え，自給率の高い 11 ＿＿＿の消費量が減ったことなど。

□ 12 ＿＿＿＿＿＿：食べ残しなど，食べられるのに廃棄(はいき)されてしまう食品。

→ 食品を捨てることは，食品が無駄(むだ)になるだけでなく，廃棄にも 13 ＿＿＿＿＿＿を使うことになる。よって，献立(こんだて)や調理方法を工夫し，食品を無駄なく使う必要がある。

（食品に使われている容器や包装を減らすことも，ごみを減らすことにつながるよ！）

□ 14 ＿＿＿＿＿＿：食品の輸送が，環境(かんきょう)に与(あた)える影響を表す指標。日本は，食品の多くを輸入に頼(たよ)っているため，この値が大きい。

（輸入量(t)×輸送距離(きょり)(km)で示されるよ。）

→ 地産地消をすすめることで，フード・マイレージを減らすことができる。

□ 15 ＿＿＿＿＿＿：食品等の，原料の生産から加工・流通・廃棄にわたるすべての過程で排出(はいしゅつ)された温室効果ガスの総量を示している。

算定結果の認定を受けた製品が使用できる。

THEME 家庭 # 衣服のある暮らし

衣服のはたらき

□保健衛生上，生活活動上のはたらき：

- 体を 01 ＿＿＿＿ に保つ。
- 活動をしやすくしたり，02 ＿＿＿＿ や汚(よご)れを防いだりする。
- 03 ＿＿＿＿ や寒さを防ぐ。

例 体育着　例 学生服

□社会生活上のはたらき：

- 職業・所属集団を示す。
- 社会的慣習に沿って 04 ＿＿＿＿ を表す。（喜びや悲しみ，敬意やお祝いなど。）
- 個性を表す。

T(ティー).P(ピー).O(オー).に合った衣服

□衣服によって，人に与(あた)える印象は異なるため，05 ＿＿＿＿（Time），06 ＿＿＿＿（Place），07 ＿＿＿＿（Occasion）に応じた着方を工夫する。

□T.P.O.を踏(ふ)まえた上で，衣服の色，柄(がら)や素材などを自分らしく組み合わせた 08 ＿＿＿＿ を考えるとよい。

例 葬儀(そうぎ)　例 成人式(せいじんしき)

フォーマルな場では，社会的慣習が優先されるよ。

日本の衣服

ひもや帯を使って，体に合うように着付けするよ。

□和服：日本人が昔から着ていた衣服。「きもの」ともいう。

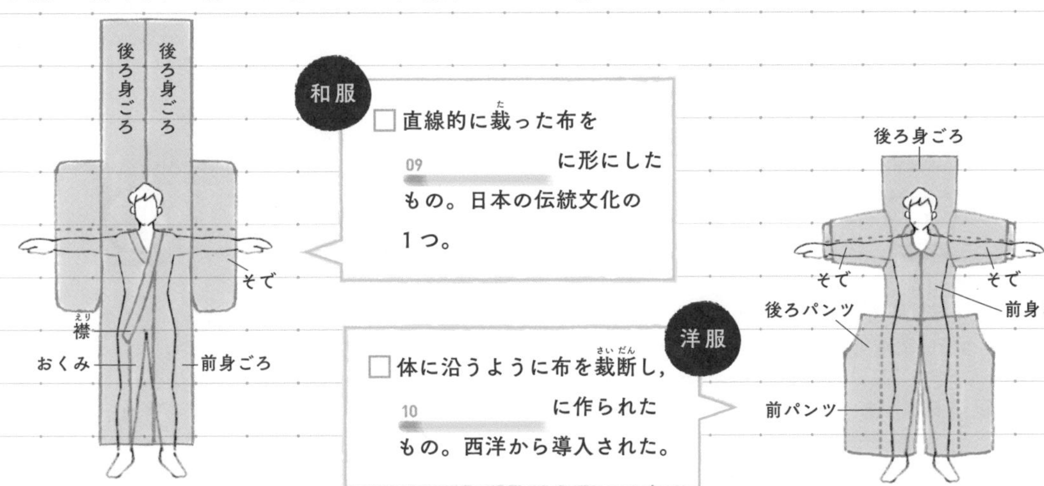

和服
□直線的に裁(た)った布を 09 ＿＿＿＿ に形にしたもの。日本の伝統文化の1つ。

洋服
□体に沿うように布を裁断(さいだん)し，10 ＿＿＿＿ に作られたもの。西洋から導入された。

THEME 衣服のある暮らし

既製服の選び方

□手持ちの衣服を活用し，必要な衣服を手に入れるための 11 ＿＿＿＿ を立てるとよい。

購入場所や手持ちの衣服との組み合わせ，品質や価格等，さまざまな要素を考慮する。

目的設定

本当に必要か考えよう。

情報収集

・デザインや色味
・品質（素材やボタン等付属品）
・サイズ感，着心地
・手入れ方法　など。

商品検討

決定・購入

既製服の表示

□既製服には，品質保証の観点から次のような 12 ＿＿＿＿ がつけられている。

13 ＿＿＿＿ 表示：着用者の身体寸法を示す。

サイズ
身長　160
胸囲　80
160A

ポリエステル　60%
綿　40%

・洗濯の際はネットを使用して下さい。

日本製
(株)△△○○
東京都○○区△△○－△－×

14 ＿＿＿＿ 表示：繊維の種類と混用率を示す。

15 ＿＿＿＿ 表示：手入れ方法を示す。

表示者名の表示：製品の製造・品質等の責任を負う業者の名前と連絡先を示す。

16 ＿＿＿＿ 表示：衣服が裁断・縫製された国を示す。

□取り扱い表示の記号の例

	17 ＿＿＿＿	18 ＿＿＿＿	19 ＿＿＿＿	20 ＿＿＿＿	21 ＿＿＿＿
記号例	(40)	△	⊠	(•••)	Ⓕ
意味	液温 40℃以下で洗濯機での弱い洗濯可。	酸素系漂白剤のみ使用可。	タンブル乾燥はできない。	200℃を限度にアイロンできる。	石油系溶剤で弱いドライクリーニング可。

➔ 付加記号の意味：強さ→ 線なし（通常）　―（弱い）　＝（非常に弱い）　温度→•　••　•••（低い⟷高い）　禁止→✕

THEME 家庭 **布の取り扱い方**

まだまだ　もう少し　ばっちり

繊維の種類と手入れに関する性質

☐

繊維の種類			ぬれたときの強度	適する洗剤	防しわ性	吸湿性	アイロンの温度	その他の特徴
天然繊維	01 ＿＿繊維	綿	◎	弱アルカリ性	△	◎	高	水をよく吸う。
		麻	◎	弱アルカリ性	△	◎	高	涼感がある。洗濯に強い。
	02 ＿＿繊維	毛	○	03 ＿＿	◎	◎	中	水中でもむと縮む。
		絹	△	04 ＿＿	△	◎	中	虫の害を受けやすい。摩擦に弱い。
化学繊維	合成繊維	ポリエステル	◎	弱アルカリ性	◎	△	中	縮まない，05 ＿＿が速い，
		ナイロン	◎	弱アルカリ性	◎	△	低	熱水中でついたしわが取れにくい，
		アクリル	◎	弱アルカリ性	◎	△	低	汚れが再度つきやすい。

◎：性能がよい　○：普通　△：性能が劣る

衣服の手入れ

☐ 洗濯：手洗い，洗濯機洗い，06 ＿＿など。

☐ 衣服の補修：スカートやズボンのすそのほころびは07 ＿＿で直す。

☐ 洗剤の種類と特徴

種類	液性		特徴
せっけん	弱アルカリ性		汚れは落ちやすいが，すすぎがたりないと黄ばみを生じる。
合成洗剤	弱アルカリ性	冷水によく溶ける。	汚れが落ちやすいが手が荒れる。
	中性		汚れがやや落ちにくいが，衣服を傷めにくい。

☐ 洗剤によって汚れが落ちるしくみ

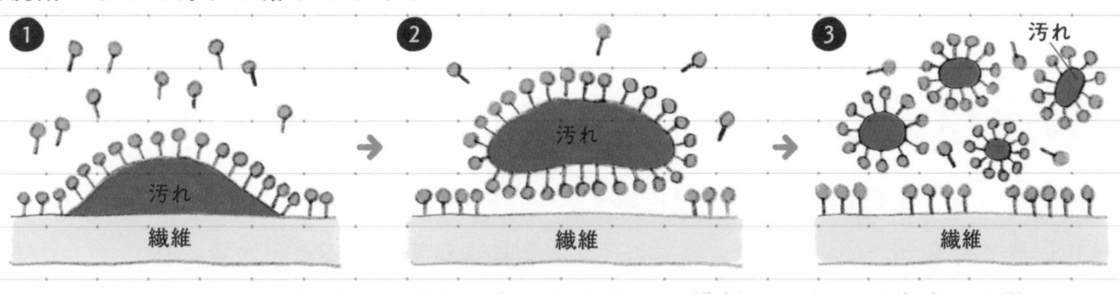

① 08 ＿＿の分子が汚れの表面に付着する。
② 分子に包まれた汚れが繊維から離れる。
③ 汚れが水中に分散する。

☐ アイロンかけ：取り扱い表示で適温を確かめ，面積が09 ＿＿部分からはじめる。

THEME 布の取り扱い方

布による製作の手順

計画 → 採寸 → 準備 → しるしつけ → 裁断 → 縫合 → 仕上げ

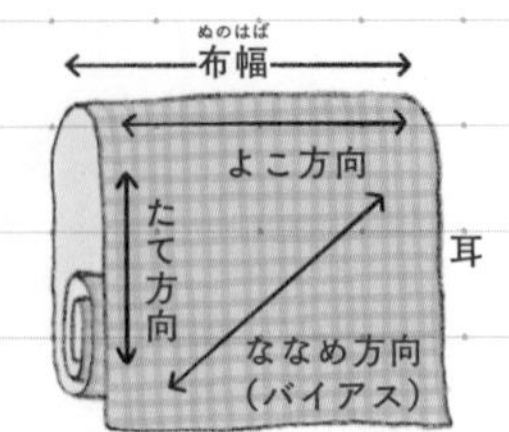

□製作物に応じた 10 ＿＿＿ の種類を，資源や環境にも配慮して選ぶとよい。

□布は 11 ＿＿＿ に引っ張ると伸びやすいため，製作時に注意する。

採寸の方法

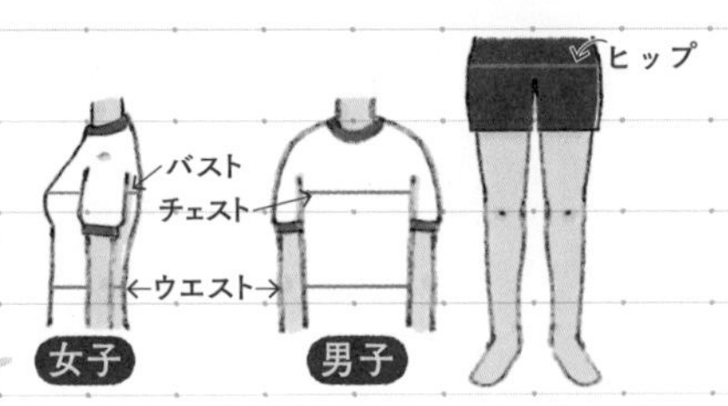

□体の各部位の寸法を自然な姿勢で測る。

➡ 採寸した寸法を参考に，型紙を選ぶ。

バスト・チェストを測るとき，女子は胸の最も高いところを，男子は腕のつけ根の下を通る胸回りを水平に測るよ。

まち針の打ち方とミシン縫い

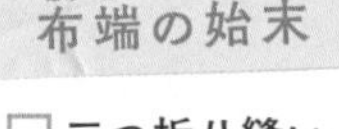

□まち針：しるしとしるしを合わせて，できあがり線に直角に打つ。

□しつけ縫い：できあがり線の約1mm外側を1～1.5cmの大きな針目で縫う。

□ミシン縫い：布の 12 ＿＿＿ や材質に合った針や糸を選ぶ。

➡

布	針	糸
薄地	9番	80番
普通地	11番	50・60番
厚地	14番	50番

糸端の始末

□返し縫い

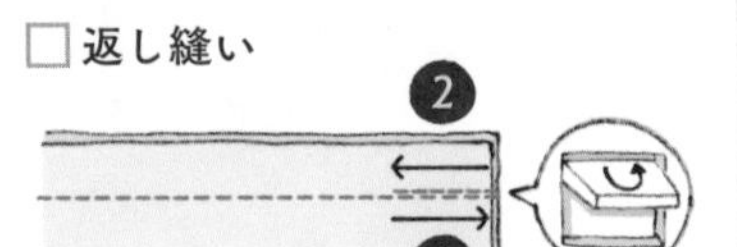

返し縫いレバーを使うか，布を180度回転させて縫うよ。

布端の始末

□三つ折り縫い

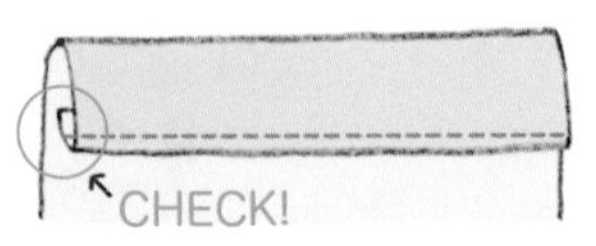

すその始末に使うことが多いよ。布を三つに折って，折り端のキワを縫おう。

持続可能な衣生活

□季節に合った着方を工夫して冷暖房に頼らない，洗濯時は洗剤や水を適量使うことで水環境に配慮するなど，13 ＿＿＿ な衣生活を目指していくことが大切。

□着なくなった衣服は，リフォーム・14 ＿＿＿ する，リサイクルに出すなど，再利用，処分の仕方を考える。

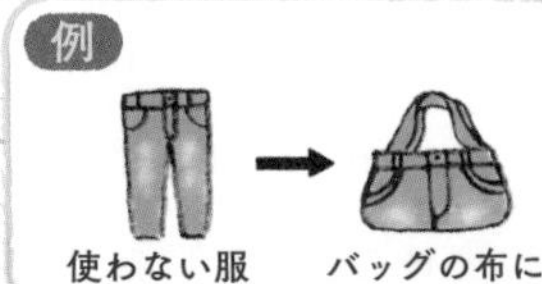

THEME 家庭 # 私たちの住生活

まだまだ もう少し ばっちり

住まいの役割

□生命や 01 ＿＿＿＿ を守る役割：暑さや寒さ，天候，自然災害など，外の環境の変化からの保護。

□安らぎや 02 ＿＿＿＿ をもたらす役割：くつろいで休養できる空間の提供。

□03 ＿＿＿＿ をつなぐ役割：団らん，04 ＿＿＿＿ の空間の提供。

住まいの空間（住空間）

□05 ＿＿＿＿ 生活の空間

- □家族共有の空間：家族との交流，団らん，食事，接客，遊び ←居間，ダイニングなど。
- □家事作業の空間：調理，洗濯，アイロンかけ，ごみ処理 ←台所など。
- □生理・衛生の空間：06 ＿＿＿＿，排せつ，洗面 ←浴室，トイレなど。
- □移動・収納の空間：出入り，移動，収納 ←玄関，廊下，クローゼットなど。

□07 ＿＿＿＿ 生活の空間：睡眠，趣味，仕事，勉強 ←寝室，子ども室，書斎など。

□家族と住まい：家族構成や人数・年齢層・生活背景等によって，必要となる各空間の広さや部屋の数はそれぞれ 08 ＿＿＿＿。

□戸建住宅と集合住宅：空間のつくりや部屋の数などが異なる。

□和式と洋式の住まいの特徴

	和式	洋式
玄関	履物を 09 ＿＿＿＿。	靴を履いたままあがる。
仕切り	ふすま等，取り外し可。	ドア，取り外し不可。
換気	開放的，通気性がよい。	気密性が高い。
家具等	座布団・布団・障子	椅子・ベッド・カーテン

和式

洋式

□近年では，和式と洋式を組み合わせた 10 ＿＿＿＿ の空間づくりも多く見られる。

□日本各地の住まい：南北に長い日本では，気候風土に合わせて住まいのつくりに工夫が施されてきたが，現在では地域的な特徴のある住まいは減ってきている。

●北海道

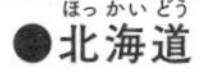

二重窓で寒さを防ぐ。

●沖縄県

石垣や樹木で台風の被害を防ぐ。

●岐阜県

合掌造り。急勾配の屋根で，雪が落ちやすい。

●京都府

町家は，奥に長い住まいで，風通しがよい。

人が多く集まる都市部には，高層住宅が多いよ。

THEME 私たちの住生活

住まいの環境・安全

室内環境への配慮

□ 11 ＿＿＿＿：化学物質による室内空気の汚染が主な原因で起こる体調不良。

→室内空気の汚染対策には 12 ＿＿＿＿ が有効。

他に，一酸化炭素や二酸化炭素，カビ・ダニ，ほこり，防虫剤などが原因となる。

安全面の配慮

□ 13 ＿＿＿＿：住まいの中で起こる事故。高齢者や幼児に多い。どこにどんな危険があるかを知り，住まいの中をかたづけることも大切。

ドアに指をはさむ・階段で転ぶ・浴室ですべる・浴槽で溺れるなど。

→誰もが快適に安全に暮らせるような環境づくりの方法として，14 ＿＿＿＿（高齢者や障がいのある人などが安心して暮らせるよう障壁をなくすこと）や，はじめから誰にでも使いやすいように設計された 15 ＿＿＿＿ がある。

□ 高齢者や幼児の特徴
●高齢者…視力・脚力の低下など。
●幼児…目線が低く，活動が活発。何にでも好奇心をもって触ろうとする。

□防犯対策：外からの見通しが悪いところに窓がある住まいは不審者にねらわれやすいなど，不審者の行動を知ったうえで対策をする。

□防火対策：火災報知機の点検・交換など維持管理をすることで，対策になる。

災害対策

地震，津波，台風，豪雪，火山の噴火など。

□さまざまな自然災害に備え，16 ＿＿＿＿ や減災を意識した住空間を整備する。

□空間の工夫に加え，17 ＿＿＿＿ や避難方法，消火器の設置地点等を事前に確認しておくと，いざというとき速やかに行動ができる。

日本は地震など，特に災害が多い国だから，注意しておこう。

家具の地震対策
- 天じょうと家具の間に転倒防止支柱をはさむ。
- L字金具で固定。
- ガラス飛散防止フィルムをはる。
- 固定する。
- とびらの開放止めをつける。
- 大きくて重いものを下に入れる。
- 家具の手前に耐震マットなどをはさむ。

就寝時の避難対策
- 枕元に懐中電灯を入れた袋をつるしておく。
- 避難用スニーカーや非常用持ち出し袋を準備しておく。

持続可能な住生活

緑のカーテン・天窓など。

□住生活・住まいにおける工夫や，資源や再生可能エネルギーの活用などにより，持続可能な住生活を心がける姿勢が尊重されている。

家庭用ソーラーパネルなど。

THEME 家庭 # 消費生活としくみ

まだまだ　もう少し　ばっちり

消費生活

☐ 01 ＿＿＿＿：生活に必要な商品をお金を支払って購入し，生活すること。商品を購入して使う人のことを02 ＿＿＿＿という。

☐ 商品：形がある03 ＿＿＿＿と，形がない04 ＿＿＿＿がある。

例 食料品，衣料品，住宅用品，電気製品，書籍，医薬品など。

例 医療，交通，通信，教育，映画，コンサート，金融，美容など。

契約

☐ 05 ＿＿＿＿：法律によって保護された約束事。

☐ 消費者が商品を購入するときには売買契約が成立。一方的に取消・解約はできない。

☐ 三者間契約：クレジットカードのように，消費者，販売者，カード会社の三者間で行われる取引。

購入方法と支払い方法

☐ 販売方法の種類と特徴

例 専門店，デパート，スーパーマーケット，コンビニエンスストアなど。

例 通信販売，自動販売機による販売，移動販売，展示会販売など。

種類	06 ＿＿＿＿販売	07 ＿＿＿＿販売
特徴	・商品を直接見て購入できる。 ・他の商品と08 ＿＿＿＿することができる。 ・店舗がないと購入できない。	・店舗に行かなくても商品の購入ができる。 ・販売の種類によって，実物を見たり他の商品と比較したりできない。

☐ 支払い方法の種類と特徴

種類	09 ＿＿＿＿払い	10 ＿＿＿＿払い	11 ＿＿＿＿払い
特徴	・毎回現金を用意しなくてよい。 ・使用できる範囲が限られる。	・使いすぎになりにくい。 ・現金や口座残高がないと使えない。	・期日までに一括や分割で支払う。 ・使いすぎになりやすい。

例 図書カード，商品券，プリペイド型電子マネーなど。

例 現金，デビットカード，バーコード決済など。

例 クレジットカード，公共料金の支払いなど。

☐ 12 ＿＿＿＿：プリペイド型電子マネーやクレジットカードなど，現金を使わずに，商品を購入することが増えていること。

THEME 消費生活としくみ

消費者トラブル

☐ 13 ＿＿＿＿＿＿：無理に商品を購入させられる，または購入した商品によって健康や安全が脅かされるなどの消費生活での問題。

消費者と事業者の間の情報量や交渉力の格差が原因となることがある。

☐ 14 ＿＿＿＿＿＿：消費者をだましたり脅したりして商品を売る悪質な販売。

悪質な訪問販売，キャッチセールス，フィッシング詐欺，ワンクリック詐欺など。

☐消費者を守るためのさまざまな 15 ＿＿＿＿ が定められている。また，消費者を支える公的機関に，16 ＿＿＿＿ 庁，国民生活センター，消費生活センターなどがある。

法律	消費者基本法	消費者契約法	17 ＿＿＿＿法（PL法）	特定商取引に関する法律
内容	消費者の権利を明記した，消費者を保護するための法律。	消費者と事業者が結ぶすべての契約に適用され，悪質な契約の場合，契約を取り消すことができることなどを定めている。	製品の欠陥によって被害を受けた場合に，製造者が損害賠償を負うことなどを定めている。	悪質な販売などの不当行為の禁止や，クーリング・オフ制度などについて定めている。

☐ 18 ＿＿＿＿＿＿ 制度：自らの意思に反して訪問販売などで契約した場合に，一定の期間内に書面で通知すれば契約を解除することができる制度。

訪問販売などでは８日間，マルチ商法などでは20日間だよ。

商品の選択と購入

☐商品の選択：19 ＿＿＿＿（本当に必要なもの）と 20 ＿＿＿＿（欲しいもの）に分けて考え，計画的に購入することが大切。

☐商品の購入：消費者には，商品の 21 ＿＿＿＿ 性，機能，価格，アフターサービス，環境への配慮などを調べ，適切な商品かどうかを判断する責任がある。広告やインターネットなどから情報収集したり，他の商品と比べたりして検討することが大切。

☐ 商品の選択に役立つマークの例

22 ＿＿＿＿
電気用品安全法の基準を満たした商品につけられる。

23 ＿＿＿＿
製品安全協会が安全性を認証した商品につけられる。

24 ＿＿＿＿
日本産業規格に適合した商品につけられる。

THEME 家庭 家族・家庭や地域との関わり

まだまだ　もう少し　ばっちり

家族・家庭の機能

□ 01 ＿＿＿＿を営む機能：衣食住といった基本的な生活機能を共に行う。

□ 02 ＿＿＿＿を育てる機能：子どもの教育を支え，成長に貢献する。

□ 03 ＿＿＿＿的な機能：心身の安らぎを得る。

□ 04 ＿＿＿＿を継承する機能：次世代へ文化や価値観を伝える。

□ 05 ＿＿＿＿的な機能：暮らしのための経費を収入として得る。

➡ 家庭は，家族が 06 ＿＿＿＿で心豊かに暮らす役割をもっている。

□ 家庭生活を支える仕事：家族だけでなく，07 ＿＿＿＿や自治体，企業などによっても支えられている。

□ 中学生と家庭の仕事：家族の一員として中学生としてできる仕事を協力・分担することで，家族や身近な人々との信頼関係も深まる。

家庭生活を支える社会の仕事の例

家庭

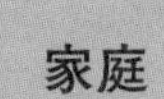

看護・介護
看護・介護施設
ケアマネージャー（介護計画を立てる人）
ホームヘルパー（在宅介護サービス）など。

食べる
弁当店，そう菜店，レストラン，コンビニエンスストア，フードデリバリーなど。

住まう
庭木の手入れ，ハウスクリーニング，住まいの修理など。

育てる
保育所，幼稚園，認定こども園，学童クラブ，学校など。

着る
衣服の購入，衣装レンタル，洋服直し，クリーニングなど。

中学生とこれからの家族

小さい頃と比べると，中学生の私たちは，補助がなくても自分一人でできることや，手伝えることが増えたね。

□ 中学生としての自立：生活面・精神面で，08 ＿＿＿＿に向かう。

□ よりよい家族関係を築く：家族の立場や役割を理解するために，日頃から 09 ＿＿＿＿をとることが大切。

困ったときは家族以外に相談することもできる。
先生，友人，離れて暮らす親せき，自治体の相談窓口など。

THEME 家族・家庭や地域との関わり

家庭生活と地域との関わり

□ 地域に暮らす人々：性別，職業，家族構成，国籍，文化などの異なるさまざまな世代・立場の人々が暮らしている。

□ 家庭生活と地域：家庭生活は，家族だけでなく，10＿＿＿＿との関わりのうえで成り立っている。11＿＿＿＿をしたり，相談し合ったり，困ったときには互いに助け合ったりして生活している。

➡ 周囲の人々と日頃からコミュニケーションの機会をもち，お互いに理解し合うことが，12＿＿＿＿（ともに生活をつくっていく）の基盤になる。

中学生には，町内会や子ども会での活躍が期待されているよ。

□ 地域の活動や行事の例

地域の高齢者との関わり

□ 地域の高齢者：13＿＿＿＿が進み，地域の高齢者の数は14＿＿＿＿いる。

人は生涯発達するけど，加齢により衰える能力もあるよ。このような変化と共存して，新しいことに挑戦する方もいるんだ。

➡ 加齢による体の変化（現れ方には個人差があり，複雑。）

目：視力が低下する。
耳：聴力が低下する。
口：滑舌が悪くなる。飲み込む力が低下する。
筋肉：筋力が低下する。
骨：骨折しやすい。
呼吸：息切れしやすい。

□ 高齢者の15＿＿＿＿・介護：日常生活の身体的困難（16＿＿＿＿・排せつ・歩行など）に対して，補助したり手助けしたりすること。

□ 高齢者との関わり：何か困っていそうであれば，自分のできる範囲で声をかけ，協力できるとよい。

THEME 家庭 幼児との関わり

まだまだ　もう少し　ばっちり

幼児の体の発達

- □ 01 ＿＿＿期　出生～1歳まで → 02 ＿＿＿期　1歳～小学校入学まで → 03 ＿＿＿期　小学校入学～卒業まで
- □ 体の発達：それぞれ 04 ＿＿＿ や個性が伴う。
- □ 運動機能の発達：一定の方向と順序がある。
- □ 生理的機能の発達：成人と比較して，05 ＿＿＿ 数，06 ＿＿＿ 数が多い。

体や運動機能の発達の道すじ

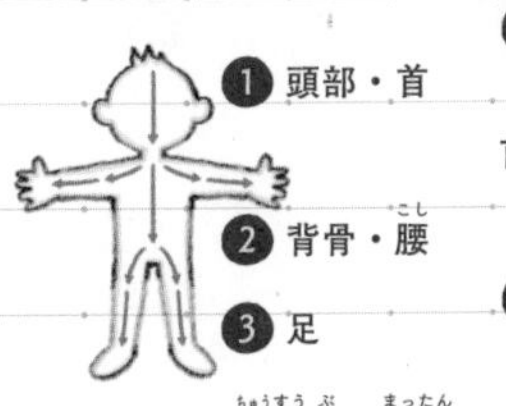

頭部→下部，中枢部→末端へと発達。

❶首がすわる。→❷おすわりができる。→❸ひとり歩きができる。

□ **幼児期の身長と体重の変化**

	身長	体重
生まれたとき	約 07 ＿＿＿ cm	約 3 kg
1歳	約 75cm	約 9 kg
4歳	約 100cm	約 15 kg

身長：生まれたとき→1歳 約1.5倍，生まれたとき→4歳 約 08 ＿＿＿ 倍
体重：生まれたとき→1歳 約3倍，生まれたとき→4歳 約 09 ＿＿＿ 倍

幼児の心の発達

- □ 10 ＿＿＿：ものを考えたり，コミュニケーションをとる方法の1つ。2歳頃めざましく発達する。
- □ 11 ＿＿＿：ものの捉え方のこと。幼児期には自分を中心に物事を捉える時期がある。
- □ 12 ＿＿＿：喜び，悲しみ，恐れ，怒り，心配などの感情の表れ。年齢が低いほど，率直で激しい。
- □ 13 ＿＿＿：まわりの人と関わりをもつこと。2歳頃に自我が芽生え，自己主張が強くなる。

➡ 幼児期は心と体の発達とともに，衣生活や食生活の 14 ＿＿＿ が芽生え，15 ＿＿＿（感情や行動をコントロールし，場面に応じて自分の欲求を抑えようとすること）も身についてくる。

幼児の心の発達の例

1歳頃 → 2歳頃 → 3歳頃 → 4歳頃 → 5歳頃

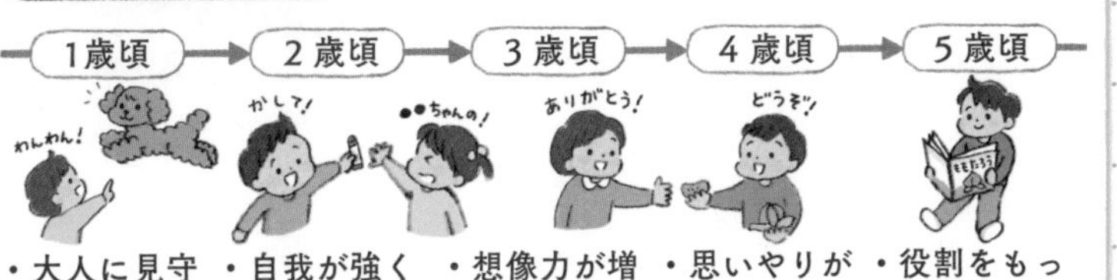

1歳頃	2歳頃	3歳頃	4歳頃	5歳頃
・大人に見守られ安心して遊ぶ。 ・一語文を話す。	・自我が強くなり，物の取り合いも多い。	・想像力が増し，数人で遊ぶ。 ・言葉で伝えられる。 ・我慢ができる。	・思いやりができ，友達に行動を合わせる。 ・疑問の答えを追求する。	・役割をもって演じたりできる。 ・文字や書き言葉，読むことへの関心をもつ。

THEME 幼児との関わり

生活習慣の習得

□ 16　　　　　　生活習慣：健康に生きるうえで必要な習慣。幼いほど，大人の手を借りる必要があり，成長するにつれ自分で行うようになる。

例 食事・17　　　　　・排せつ・着脱衣・清潔

□ 18　　　　　　生活習慣：社会生活をするうえで必要な習慣。心の発達に伴い，周囲の人とコミュニケーションをとるようになる。

例 19　　　　　・ルール・公共用具の使用

幼児の生活と遊び

□ 幼児の生活の中心は，20　　　　　。

➔ 遊びは，幼児の心身の成長や発達を促す。

□ 21　　　　　：3回の食事ではとりきれない栄養素を補う。

身体の発達
22　　　　機能の発達
言葉の発達
遊び
情緒の発達
社会性の発達
認知の発達

幼児との触れ合いと家族の役割

□ 幼児と触れ合う際は，幼児の生活や環境に配慮し，マナーを守って積極的に関わるとよい。特に，23　　　　　には気をつけ，幼児に危険が及ばないようにする。

安全面についての注意点

□ 危険のない身支度をする。
□ 大きな声を出さない。
□ 乱暴な動きをしない。
□ 言葉づかいや行動に気をつける。
□ けが発生時は，先生に報告する。

幼児を支える家族の役割

□ 必要な24　　　　　を整えることは家族の役割。

□ 家族との信頼関係：家族が愛情をもって接することで，基本的な25　　　　　ができ，成長の土台となる。

技術・家庭の解答

技術

P.115 木材・金属・プラスチックの性質

01 電気 02 直角 03 板目材 04 まさ目材 05 辺材 06 心材
07 こぐち 08 こば 09 弾 10 展 11 延
12 ステンレス 13 熱可塑性 14 熱硬化性

P.117 使いやすい製品とその制作

01 斜め材 02 三角形 03 固定 04 面構造 05 高さ 06 断面
07 等角図 08 全体 09 キャビネット図 10 正面 11 正投影図

P.119 けがきと切断

01 けがき 02 さしがね 03 先 04 けがき針 05 センタポンチ 06 ハンマ
07 縦 08 あさり 09 横 10 大きく
11 金切りばさみ 12 弓のこ 13 プラスチックカッタ

P.121 切削と加工

01 かんな 02 やすり 03 かんな身 04 裏金 05 ならい目 06 裏金
07 直進 08 斜進 09 折り曲げ 10 卓上ボール盤
11 捨て板 12 クランプ 13 保護眼鏡（防じん眼鏡）
14 防じん

P.123 組み立てと仕上げ

01 下穴 02 げんのう 03 三つ目ぎり 04 菊座ぎり 05 あらい 06 面取り
07 はけ塗り 08 吹き付け塗装

P.125 生物の育成

01 最適化 02 品種改良 03 給餌(給餌) 04 繁殖 05 完全養殖 06 不完全養殖
07 育成環境 08 気象環境 09 生物環境
10 露地栽培 11 施設栽培 12 容器栽培

技術・家庭の解答

P.127 植物の栽培

01 水　02 温度（01，02 は順不同）　03 移植　04 定植　05 誘引（支柱立て）

06 摘芽　07 摘芯　08 団粒　09 単粒　10 元肥　11 追肥

12 有機質肥料　13 化学肥料（無機質肥料）　14 リン酸（リン）　15 カリウム　16 窒素

P.129 エネルギーと電気

01 エネルギー変換　02 化石燃料　03 再生可能エネルギー　04 CO_2　05 原子力発電　06 天候

07 直流　08 交流　09 負荷　10 電気用図記号　11 ランプ（電球）

12 電池（直流電源）　13 抵抗器　14 熱エネルギー

P.131 動きの伝達・保守点検

01 摩擦車　02 かさ歯車　03 リンク機構　04 てこクランク機構　05 平行クランク機構

06 カム機構　07 漏電　08 感電　09 保守点検（メンテナンス）

10 利用者

P.133 情報の処理技術・ネットワーク

01 ハードウェア　02 ソフトウェア　03 ＣＰＵ　04 デジタル化　05 ２進数

06 画素（ピクセル）　07 解像度　08 bit（ビット）　09 8 bit

10 情報通信ネットワーク　11 ＬＡＮ　12 サーバ　13 ルータ

14 ＩＰアドレス　15 ＵＲＬ

P.135 情報と安全・プログラミング

01 情報モラル　02 知的財産権　03 著作権　04 産業財産権　05 引用　06 情報セキュリティ

07 機密性　08 ファイアウォール　09 フィルタリング　10 暗号化

11 プログラミング　12 プログラミング言語　13 反復処理型

14 センサ　15 インタフェース

No.

Date

技術・家庭の解答

家庭

P.137 食事と栄養

01 エネルギー　02 食文化　03 食事　04 運動　05 休養　06 食習慣　07 生活習慣病

08 炭水化物　09 脂質　10 たんぱく質　11 無機質　12 ビタミン　13 水(水分)　14 食事摂取基準

15 食品成分表　16 たんぱく質　17 牛乳　18 緑黄色野菜　19 ビタミンC　20 いも(類)

21 炭水化物　22 脂質　23 食品群別摂取量　24 献立　25 主食　26 汁物

P.139 食品の選択・購入・保存

01 表示　02 食品表示法　03 JAS　04 特定保健用食品　05 有機JAS

06 鮮度　07 目　08 におい　09 色　10 つや　11 旬　12 原産地　13 トレーサビリティ(制度)

14 保存性　15 原材料名　16 遺伝子組み換え食品　17 (食物)アレルギー

18 食品添加物　19 食品衛生法　20 消費　21 賞味　22 食中毒

P.141 食事の調理

01 15　02 5　03 柄　04 いためる　05 蒸す　06 塩　07 加熱　08 筋　09 強火(から中火)

10 白身魚　11 赤身魚　12 脂質　13 短　14 根菜類　15 半月

16 かさ　17 あく　18 塩　19 褐変　20 酸素　21 短

P.143 食文化・食生活

01 食文化　02 行事食　03 うまみ　04 郷土料理　05 地産地消　06 生産過程

07 食品安全基本法　08 食品安全委員会　09 食料自給率　10 40　11 米

12 食品ロス　13 エネルギー　14 フード・マイレージ　15 カーボンフットプリント・マーク

P.145 衣服のある暮らし

01 清潔　02 けが　03 暑さ　04 気持ち　05 時間　06 場所　07 場合

08 コーディネート　09 平面的　10 立体的　11 衣服計画

12 表示　13 サイズ　14 組成　15 取り扱い　16 原産国

17 家庭洗濯　18 漂白　19 乾燥　20 アイロン　21 クリーニング

No.

Date

技術・家庭の解答

P.147 布の取り扱い方

01 植物 02 動物 03 中性 04 中性 05 乾き 06 ドライクリーニング 07 まつり縫い
08 界面活性剤 09 小さい 10 布 11 ななめ 12 厚さ 13 持続可能 14 リメイク

P.149 私たちの住生活

01 生活 02 健康 03 家族 04 子育て 05 共同 06 入浴 07 個人 08 異なる
09 ぬぐ 10 和洋折衷 11 シックハウス症候群 12 換気
13 家庭内事故 14 バリアフリー 15 ユニバーサルデザイン
16 防災 17 避難場所

P.151 消費生活としくみ

01 消費生活 02 消費者 03 物資 04 サービス 05 契約 06 店舗 07 無店舗 08 比較
09 前 10 即時 11 後 12 キャッシュレス化 13 消費者トラブル 14 悪質商法
15 法律 16 消費者 17 製造物責任 18 クーリング・オフ 19 ニーズ 20 ウォンツ
21 安全 22 PSE マーク 23 SG マーク 24 JIS マーク

P.153 家族・家庭や地域との関わり

01 生活 02 子ども 03 精神 04 生活文化 05 経済 06 健康 07 地域
08 自立 09 コミュニケーション 10 地域 11 挨拶 12 共生
13 少子高齢化 14 増えて 15 介助 16 食事

P.155 幼児との関わり

01 乳児 02 幼児 03 児童 04 個人差 05 呼吸 06 脈拍（05，06 は順不同）
07 50 08 2 09 5 10 言葉（言語） 11 認知 12 情緒
13 社会性 14 自立心 15 自律心 16 基本的 17 睡眠 18 社会的 19 挨拶
20 遊び 21 間食（おやつ） 22 運動 23 安全面 24 生活環境 25 信頼関係

④